In 9 Schritten zur finanziellen Mündigkeit:

Finanzmandalas erklären, wie Wirtschaft, Psychologie und Politik **die Finanzwelt** bestimmen.

Checklisten vermitteln, welche **Währungen und Güter wertvoll** sind.

Mit dem **AGH/PKV Prinzip** und der **Mehrwertampel** zum Selbstausfüllen lernen Sie, welche Investitionen Ihr **Vermögen steigern** oder zum **Vermögensaufbau** geeignet sind.

Der **Investitionsdiamant** garantiert Ihnen Vermögensaufbau **ohne abgeleitete Finanzprodukte.**

Das **Fonds & Mensch Konzept** zeigt Ihnen, **welcher Aktienfonds** psychologisch **zu Ihrer Persönlichkeit passt.**

Reichtum heißt, kein Geld zu verlieren. Mit dem Money Burn Prinzip erkennen Sie die zehn relevanten Finanzmarktrisiken und können diese souverän umschiffen.

Keine Angst vor Aktien! Sie können selbst eine Jahresaktienprognose erstellen und lernen mit dem Börsenkalender, dass Kapitalmärkte einem festen Muster von Ereignissen folgen.

So investieren Sie mit Struktur.

Sie können **Aktienideen finden**, wenn Sie die Verbindung zwischen Alltag und Wirtschaftsbranchen selbst herstellen. Wir zeigen's Ihnen.

Ein System von 3 Fragebögen hilft Ihnen abschließend, **Ihr Geld selbst zu organisieren.**

Jan Neynaber

Finanztherapie
Selbst-verständliches
Aktienwissen

CIP-Titelaufnahme der Deutschen Bibliothek

Neynaber, Jan:
Finanztherapie / von Jan Neynaber
Frankfurt: G&W VerlagsGmbH
2. Auflage 2017
ISBN 978-3-9468-5007-6 (Softcover)
ISBN 978-3-9468-5008-3 (Hardcover)

2. Auflage 2017

Geld & Wissen Verlag www.geldundwissen-ic.de/der-verlag
Grafiken: Katrin Lutz   info@justgraphics.de
Autorenfotos: Klaus Weddig   www.klausweddig.de
Umschlagsgestaltung, Layout, Lektorat & Satz: Dr. Bernd Flossmann www.bookcoach.info
Co-Lektorat: Kirsten Moriggl, Marco Schumann, Theodor von Braunschweig
Umschlagmotiv © Michael Kalmbach »Der Geldkotzer« 1997
USA Copyright Buch TX 8-211-411
USA Copyright Coachingleitfaden TX 8-214-084

Für Kirsten, Jette, Jasper, Julie

Liebe Leserinnen und Leser,

dieses Sachbuch (!) macht Sie in Finanzfragen schlauer als Ihre Berater. Das Buch ist schön dünn, denn meine Erfahrung aus 3 abgeschlossenen Studiengängen und 20 Jahren Berufserfahrung sagt mir: Das ist das Wesentliche!

Als Aktienberater bei der Bank erkläre ich meinen Fondsmanager-Kunden täglich ab 7:00 Uhr morgens, welche Aktien sie kaufen und verkaufen sollen.

Ich berate meine Kunden so, wie ich das Buch für Sie geschrieben habe: Auf verständliche Weise.

Im Leben brauchen Sie nur punktuell Finanzprodukte: Das erste Auto, den Arbeitsbeginn, Ehe, Geburt der Kinder, Haus oder Wohnung oder für den Ruhestand. Sparen und Investieren müssen Sie aber kontinuierlich ein Leben lang. Wie ein kleiner Hamster sammeln Sie Vorräte. Am besten geht das mit Aktien.

Dieses Buch ist eine erzählerische Gebrauchsanweisung. Geschichten lehren mehr als Warnhinweise und Stichwortsammlungen.

Wegen der 2008er Finanzkrise begann ich Finanzkurse für Grundschüler zu geben – daraus wurde binnen sieben Jahren schließlich das Buch.

Die Mandalas, Checklisten, Praxistipps und Fragebögen habe ich alle selbst erarbeitet und sie funktionieren bei meinen Seminaren und Vorträgen fantastisch.

Um die Börse zu verstehen, brauchen Sie nur offene Augen, Phantasie und mein selbst-verständliches Finanzwissen.

Dies ist ein Finanzsachbuch für Geschichtenleser. Die Grafik auf der folgenden Seite zeigt Ihnen, in welchen Situationen das Buch hilft.

Frohes Lesen & Investieren
Ihr

Jan Neynaber

DIE FINANZWELT

HERSTELLER	HERSTELLER-WISSEN	ANGEBOT	ZWECK	VERTRIEB	KUNDEN EMPFEHLUNG GEMÄSS
Versicherung	Risiko-Tabellen	Lebens Risiko Kranken Unfall Sach	für einzelne Lebensabschnitte	eigener Makler fremder Makler	Vorgabe Bestandsprovision
Bank	Produkt-herstellung	Konto Festgeld Kredit Optionen Derivate ETF	für Kunden für Kunden für Kunde / Zukunft für Zukunft für Zukunft für Zukunft	eigener Mitarbeiter Online	Vorgabe Provision
Fondsgesellschaft	Auswahl Selektion Übersicht	Fonds Anleihe Aktien Immobilien Währung Rohstoff	Lebens-langes Sparen	Makler Bank Online	Provision

Money-Burn-Prinzip©

Finanzfragebögen©

???

Fonds & Mensch-
Zins-
Branchen-
KGV-
Langlebigkeits-
Flucht-
Konzept©

Investitions-Diamant©

Mehrwertampel©

AGH/PKV-Prinzip©

Finanzmandalas©

Börsenkalender

1. Die drei Einflussfaktoren auf die Finanzwelt

1.1 Das Politiksystem

Wer langsam und bedächtig Kreise ausfüllt, wird selbst ruhig. Deshalb haben wir sie gewählt, um uns der Dynamik der Finanzwelt zu entziehen. Die Finanzmandalas© erklären den Zusammenhang zwischen Gesellschaft und Wirtschaft.

Innerhalb des ersten Rings kann sich jeder am besten selbst verwirklichen. Menschlich und wirtschaftlich. Es gibt auch Wirtschaften im »Urwald«, die nicht von einem solchen Ring umgeben sind. Für dauerhaftes Sparen und Investieren ist der Ring aber unverzichtbar.

Der erste Ring des Mandalas zeigt die Werte einer Demokratie.

Bodenschätze | Fischereirechte | © Freiheit | Demokratie | Sicherheit | Staat | Wahlen | Bürgerrechte | Demonstration | Tauschen mit wem ich will | Währung | Gesetze | Wohlstand | Pass | Zentralbank |

Ist das nicht selbstverständlich? Für die meisten Menschen auf der Welt ist Demokratie keine Selbstverständlichkeit, weshalb sie oft eine beschwerliche Reise zu uns auf sich nehmen. Das nennt man Flucht.

Wohlstand heißt z. B.: Zivile Gesellschaften sind durch Zeiten der Unruhe gegangen, bis die Menschen den Krieg leid waren.

Die meisten Leser kennen den Ring seit Ihrer Geburt und sind daran gewöhnt. Zu Hause liegen alle Kabel unterirdisch.

Die Unternehmer, die in den Ringen existieren freuen sich über Straßen, um Waren zu transportieren. Glasfaser, um schnelle e-Mails zu verschicken. Der Tausch von Waren und Geld ist durch Gesetze geschützt. Das gibt es im Urwald nicht.

Im zweiten Ring finden sich die Einrichtungen und Dienstleistungen wieder, die der Staat den Bürgern zur Verfügung stellt. Diese Dinge machen das Bürgerleben schöner.

Bodenschätze | Fischereirechte | Freiheit | Demokratie | Sicherheit | Staat | Wahlen | Bürgerrechte | Demonstration | Bahn | Bus | Museum | Schwimmbad | Tauschen mit wem ich will | Währung | Gesetze | Theater | Stadion | Straßen & Brücken | Parlament | Gerichte | Polizei | Schulen | Krankenhaus | Universität | Flughafen | Flugsicherung | Wohlstand | Pass | Zentralbank

Wieso macht der Staat das? Ist das Selbstlosigkeit? Der Staat unterhält Ämter. Nicht um Beamte zu vergnügen, sondern um die Pflichten, die der Bürger gegenüber dem Staat hat, einzufordern.

Nein, die Demokratie ist nicht selbstlos!

Kein Schlaraffenland, wo nur Honig fließt, sondern der Staat möchte dafür von seinen Bürgern auch eine Gegenleistung, nämlich Steuern.

Ohne **Steuerpflicht** existierten die Leistungen des Staates nicht, weil niemand dafür bezahlen würde.

Steuern sind der Preis für eine funktionierende Demokratie. Im Kongo zahlt keiner Steuern. Doch, will man dort leben?

Im dritten Ring finden sich die staatlichen Institutionen wieder, die den Bürger an seine Pflichten erinnern.

Hier ist alles schön ordentlich und geregelt!

In einigen Ländern gibt's das nicht!

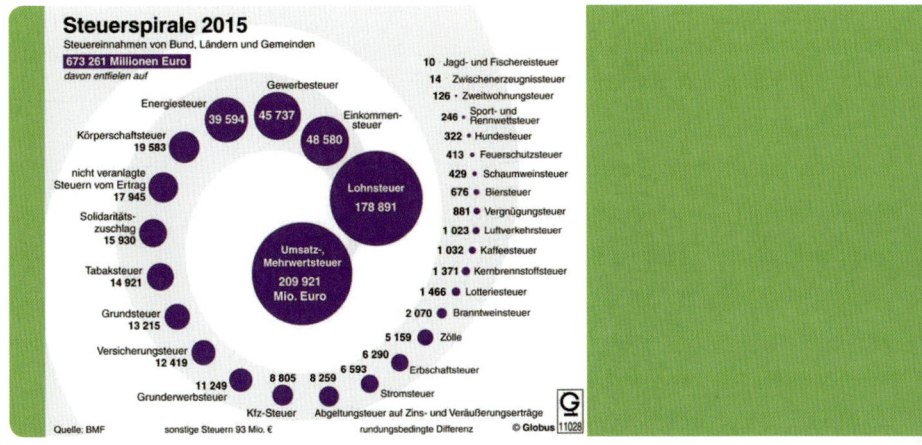

Steuerspirale 2015
Steuereinnahmen von Bund, Ländern und Gemeinden
673 261 Millionen Euro
davon entfielen auf

Es gibt Länder, die haben Bodenschätze wie Gold, Öl, Gas, Kohle oder Eisenerz (Kanada, Saudi Arabien, Südafrika, Russland, Norwegen oder Australien).

Die buddeln das Zeug aus der Erde, bezahlen davon den grünen Ring für Ihre eigenen Bürger und die brauchen dann weniger oder gar keine Steuern zahlen. In Deutschland gibt es keine Bodenschätze. Also muss der Staat anders Geld einnehmen:

Ein Drittel der Steuern kommen aus der Umsatzsteuer. Ein Umsatz entsteht, wenn Wirtschaftsteilnehmer Geld, Waren und Dienstleistungen tauschen.

Unser »Bodenschatz« ist der **Tausch**. Ohne Tausch und die Kontrolle über den Tausch wäre das Mandala immer pleite und nur noch ein Häufchen.

1.2 Die Wirtschaft

Unternehmen, Firmen, Vereine, Angestellte, Beamte, Unternehmer, Handwerker, Schüler, Senioren, Kinder, Familien, Versicherungen und Banken, alle sind am Tausch beteiligt.

Zweien aus diesen Kreisen gilt unser besonderes Augenmerk: Banken und Versicherungen – weil dies ein Sachbuch zum Thema Sparen ist.

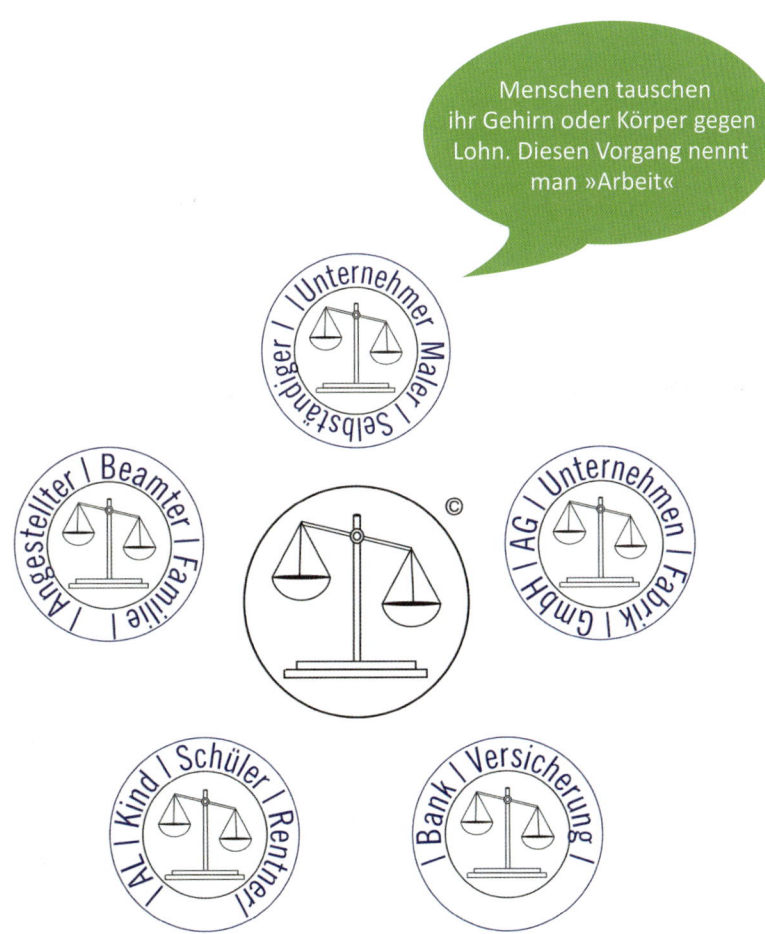

Menschen tauschen ihr Gehirn oder Körper gegen Lohn. Diesen Vorgang nennt man »Arbeit«

Versicherungen

Sie sind Geldsammelstellen und verteilen das Geld im Schadensfall um.

In Nord-, Süd-, Mittel-, Ost- und Westdeutschland zahlen alle in eine Gebäudeversicherung ein.

Zum Glück wütet der Sturm nicht überall, sondern nur in einer Region z.B. im Süden. Dann nimmt die Versicherung das Geld aus allen anderen Regionen und zahlt es im Süden für die Dachreparatur aus.

Versicherungen sind super!

Einer für alle – alle für einen.

Banken

Die Banken sind auch Geldsammelstellen. Geld wird auf ein Konto eingezahlt und die Banken geben es als Kredit an Personen und Unternehmen weiter.

Aber Banken vollbringen ein gefährliches Wunder: Die Bank darf ca. achtmal so viel Geld, wie auf ihren Konten liegt, ausleihen. Wieso? Es scheint die Eigenart der Demokratie zu sein, stets wachsen zu wollen.

Die Bank soll ein Treibriemen für die Wirtschaft sein und mit ihrem Geld die Wirtschaft ankurbeln.

Unternehmer kommen zur Bank, haben eine gute Idee für ein neues Produkt oder wollen neue Filialen oder Standorte eröffnen. Dafür brauchen die Unternehmer JETZT Geld, das sie später zurückzahlen wollen. Die Bank leiht dem Unternehmer Geld für dessen Zukunft.

Banken machen also Geschäfte, indem Sie die Zukunft vorhersagen. Leider ist der Erfolg in der Zukunft immer unsicher und birgt deshalb ein Risiko, besonders für die Bank.

Es bleibt also immer zu hoffen, dass die Bank sich beim Geldverleih bzgl. der Zukunft nicht irrt.

Es bleibt also immer zu hoffen, dass die Bank sich beim Geldverleih bzgl. der Zukunft nicht irrt, weil ihr Irrtum sich verachtfachen kann.

Zwischen 1968 und 2009 gab es sieben »Bankenprobleme« in Deutschland (Märkiin 1968, Koch & Lauteren 1971, Herstatt 1974, Bass & Herz 1974, SMH 1983, Allgem. Dt. Credit Anstalt 1990, Sal Oppenheim 2009), die alle mittels der Übernahme durch größere Institute geheilt wurden. Manche glauben Banken sollten pro Euro auf dem Konto nur einen Euro ausleihen dürfen. So gäbe es Wachstum mit mehr Gleichgewicht und weniger Übertreibungen. Keine Bank ginge mehr pleite.

Es ist zum Kotzen: Entweder ich habe gefühlt zu wenig Geld oder ich habe zuviel Geld und Angst es zu verlieren.

1.3 Die Psychologie

Wunderbar, diese Stille. Jeder tauscht mit jedem.
Aber nur genau das, was er braucht und was er hat.

> Wir schützen uns gegenseitig mit Versicherungen und die Bank leiht pro 1 EUR auf dem Konto nur 1 EUR aus. Ein Gleichgewicht. Ohne Hektik. Ohne Magengeschwür!

In Wirklichkeit ist es laut: Unternehmen wollen wachsen. Und Menschen? Menschen, Bürger, Teilnehmer wollen auch MEHR. Die meisten Menschen haben ein Wachstumsbedürfnis, sonst hätten sie nicht laufen gelernt.
Sie konsumieren gerne. Weil das ICH triebgesteuert ist, reichen eben nicht nur Anziehsachen, Essen und eine warme Wohnung. Und so entsteht die Wirtschaft.
Alle tauschen mit allen:

Der Staat nimmt über die Finanzämter der Städte Steuern ein
(Tauschsteuer = Mehrwertsteuer oder Lohnsteuer).
Diese geben es dem Finanzministerium in Berlin und das verteilt es an die
anderen Ämter (innerer Ring).
Die Ämter geben es zurück an die Schulen, Krankenhäuser und die Polizei
(mittlerer Ring).
Die kaufen dann wieder Stühle, Pflaster und Autos bei den Teilnehmern
aus der Mitte. Und die in der Mitte stehen auch in einem fleißigen Aus-
tausch. Es ist unnötig, dies tiefer zu analysieren. Wir bleiben beim Tausch,
denn er ist das entscheidende Moment in der Wirtschafts- und Finanzwelt.
Die Finanzwelt produziert keine anfassbaren Güter. Sie
transferiert lediglich das Geld. Setzen wir nun alle
Mandalas zusammen und zeichnen den Tausch ein,
so ergibt sich das zentrale Finanzmandala©.

Was ein Chaos!
Wirtschaft ist Chaos.
So scheint es …

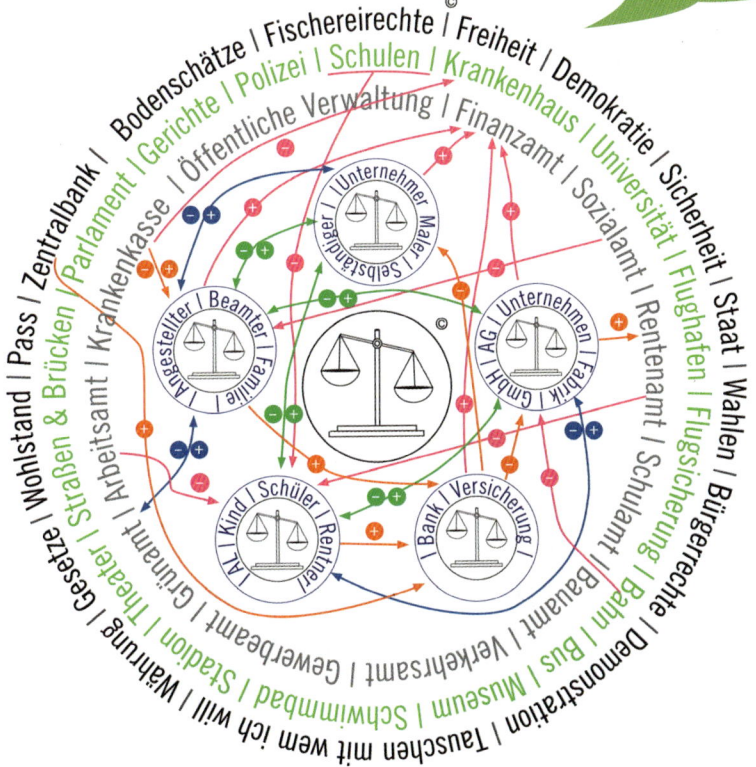

NIX Chaos! Alle Menschen auf der Erde tauschen nach den 3 gleichen Regeln. Überall!

Tauschregel des Marktes

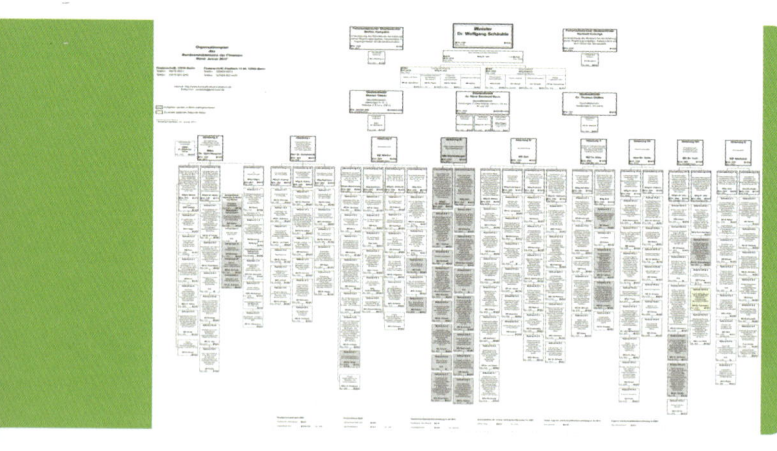

Tauschregel der Hierarchie

Tauschregel des Netzwerks

2. JETZT entscheidet sich Wirtschaft: Der Tausch

2.1 Die drei Tauschregeln

Tauschregel des Marktes

Supermarkt, Auktionsmarkt, Aktienmarkt: Die Tauschenden sind gleichgestellt. Das Zeug, das getauscht wird, ist sich ziemlich ähnlich. Hauptziel der Teilnehmer: billig kaufen, teuer verkaufen. Hier entscheidet der Preis. Es existiert keine Loyalität, es geht schnell, die Teilnehmer sind oft anonym. Jeder darf mitmachen. Im Markt tausche ich **billig und nur einmal**. Sogenannter **Preistausch**.

Tauschregel der Hierarchie

Dies ist das Finanzministerium. Das größte Ministerium in Berlin. Die Tauscher sind nicht gleichgestellt.

Es wird nach Vorschrift und Befehl getauscht. Hier entscheidet der Obere, der Vorgesetzte. Nicht jeder darf mitmachen. Chef ist der, der am längsten da ist. Oft zwingt der Chef seine Untergebenen mit Kunden etwas zu tauschen, was diesen nix nützt. Der Untergebene macht das, um nicht aus der Hierarchie rauszufliegen.

Wieso machen die Menschen so etwas unselbständiges mit?

Weil sie es aus der Familie nicht anders kennen. Wenn meine Mami 80 ist, habe ich, der Sohn, mit 50 Jahren immer noch einen »Vorgesetzten«. In der Hierarchie tausche ich aus **»Zwang«**.

Sogenannter **Befehlstausch**.

Tauschregel des Netzwerks

Das Netzwerk ist uns allen nicht so richtig präsent, denn es ist etwas Alltägliches. Den Preis- oder Befehlstausch nehmen wir eher wahr, weil wir uns öfter darüber ärgern. Etwas war zu teuer oder man musste gehorchen!

Im Netzwerk akzeptiere ich beim Kauf höhere Preise (Wochenmarkt). Ich vertraue meinem Tauschpartner. Und damit ich ihm vertraue, muss ich ihn kennen. Kennen kann ich ihn nur, wenn ich mir Zeit für ihn nehme und wiederholt mit ihm tausche.

Im Netzwerk wird aufgrund von **Sympathie** wiederholt getauscht und es entscheidet der »gute Ruf«, die Reputation. Das ist eigentlich wie eine Freundschaft zu schließen.

Sogenannter **Vertrauenstausch**.

Erst wenn Sie es schaffen, sich mit Vertrauen und Reputation auszutauschen, führt das zu einem wiederholten Tausch. Dadurch verringert sich die Betrugswahrscheinlichkeit und der Tausch wird nachhaltig.

Gerade in der Finanzwelt wird oft nur 1 Mal getauscht.

Deshalb sind die Risiken in der Finanzwelt oft auf der Seite des Abnehmers. Dieser braucht die klassischen Finanzprodukte nur einmal im Leben (siehe „Finanzwelttabelle" auf Seite 8), weshalb es für den Verkäufer kein Interesse an einem wiederholten Tausch gibt. Also muss der Verkäufer einen Volltreffer landen, weil danach der Käufer verschwunden ist.

Praxistipp:

Wenn Ihnen jemand ein Produkt verkaufen will, überlegen Sie, wie der Gegenüber mit Ihnen tauschen will bzw. muss.

Fragen Sie Ihn ruhig:

- »Unterliegen Sie Verkaufsvorgaben bei dem vorgeschlagenen Produkt?« **(Hierarchie-Tausch)**.
- »Wie hoch ist Ihre Abschlussprovision beim vorgeschlagenen Produkt im Vergleich zu ähnlichen Produkten?« **(Markt-Tausch)**.
- Fragen Sie nach einem vergleichbaren Produkt mit niedrigeren Provisionen für den Verkäufer.

Nennt er Ihnen eins, können Sie ihm vertrauen und lassen Sie ihn wissen, auch in Zukunft mit Ihm tauschen zu wollen **(Netzwerktausch)**.

Das spornt den Verkäufer an, ehrlich zu Ihnen zu bleiben.

2.2   Was tauschen Menschen?

Wofür geben Deutsche 100 »Muscheln« im Monat aus?
- Wohnung (Miete, Möbel, Wasser, Strom)   36
- Essen/Trinken   14
- Auto, Bahn, Monatsmärkchen   13
- Freizeit, Sport, Musik, Kino, Bücher, Spiele   12
- Versicherung, Sparen, Vorsorge   7
- Kleidung   5
- Arzt, Medikamente   5
- Restaurant, Hotel, Urlaub   5
- Telefon, Internet, Handy   3

> Warum geben Italiener viel weniger für Miete aus? Wo verjubeln Italiener das Geld, das sie mehr haben? Wieso sparen die Deutschen mehr?
> Wirtschaft ist auch immer eine Frage der Kultur des Landes!

Wofür geben Italiener 100 »Muscheln« im Monat aus?
- Essen/Trinken   20
- Wohnung (Miete, Möbel, Wasser, Strom)   19
- Auto, Bahn, Monatsmärkchen   16
- Restaurant, Hotel, Urlaub   12
- Kleidung   10
- Freizeit, Sport, Musik, Kino, Bücher, Spiele   7
- Schmuck, Uhr, Ringe   4
- sonst. Konsum   4
- Arzt, Medikamente   3
- Telefon, Internet, Handy   3
- Versicherung, Sparen, Vorsorge   2

> Menschen haben schon relativ hohe Pflichtausgaben.
> Da bleibt wenig für Spaß und Sparen übrig. Wir sehen an diesem Warenkorb, dass das Leben aus vielen Pflichten besteht.
> Deshalb wollen sich viele nicht auch noch die Pflicht einer Altersvorsorge oder Geldanlage aufbürden.

2.3   Wie tauschen Menschen?

Der Staat gibt keine Muscheln heraus, sondern Geld. Das Beispiel Europa ist ein wenig kompliziert, weil dort mehrere Staaten eine Währung herausgeben.
England ist da einfacher zu erklären.
Der Staat präsentiert sich auf »seinem« Geld.
Er bedruckt es mit den Emblemen seiner Macht.
Geld gehört zu den Werten eines Staates
(äußerer Ring des Mandalas).

Der Staat ermöglicht damit seinen Bürgern, auf seinem Territorium zu tauschen.

→   Geld ist ein Tauschmittel.

Erst wenn Menschen, die in einem Land leben, der dortigen Währung als Wertaufbewahrungsmittel (= Mittel, um zu sparen) vertrauen, hat diese einen echten Wert.
Die Menschen glauben an das Politiksystem, das Bildungssystem und das Rechtssystem eines Landes.
Dadurch glauben sie an die langfristige »Funktionsfähigkeit« eines Landes und sind bereit, langfristig in der Landeswährung zu sparen.

In Ländern dagegen, wo Menschen *nicht* in das System und damit nicht in die Währung vertrauen, sind die Geldscheine oft mit Kugelschreiber bekritzelt oder dreckig.

→   Geld ist ein Wertaufbewahrungsmittel.

Dies wollen wir auf der nächsten Seite üben, um zu erfahren, welche Währungen langfristig sicherer sind als andere.

Wenn eine Währung diese Kriterien erfüllen muss, um Vertrauen zu stiften, können Sie dann in eine virtuelle Internetwährung vertrauen?
Überprüfen Sie, welche Kriterien diese Computer-Kohle nicht erfüllt.

Übung ausfüllen bitte:
Ist Ihre Währung langlebig und somit geeignet zur Wertaufbewahrung?

Landes-währung	Bildungs-system	Demokratie-system	Rechtssystem	Boden- oder Steuerschätze	Werte langlebig? Ja/Nein
	Bewertung: ++,+,0,-,--				
Euro					
Dollar					
Krone					
Rand					
Rinminbi					
Rubel					
Peso					
Schweizer Franken					
Dirham (UAE)					
Ringit					
BitCoin					

Download: www.geldundwissen.de Blog vom 20.10.2016 Selbstausfüller Langlebiges Geld

Wenn wir etwas tauschen, haben wir den Wert im Kopf und Geld verleiht dieser Vorstellung nur Ausdruck.

→ Geld ist die Bemessungsgröße für Wert.

3. Wie bewerte ich das Tauschgut?

3.1 Unechte Knappheit

Etwas ist mehr wert, wenn es selten ist. Dann ist es kostbar. Es gibt verschiedene Formen von Knappheit: Die **unechte Knappheit** ist eine *vorübergehende, zeitweise, temporäre Knappheit.*

Diese Knappheit entsteht, wenn die Nachfrage nach einem Tauschgut sehr hoch ist, obwohl es eigentlich in ausreichender Stückzahl existiert oder hergestellt werden könnte (Warteschlange vor dem Apple Store, wenn ein neues Telefon da ist, ein Sportwagen in limitierter Auflage).

Anleihen: Der Staat gibt mehr aus, als er an Steuern einnimmt, deshalb leiht er sich beim Bürger Geld und gibt dem Bürger dafür einen Schein. Gilt ein Staat als besonders sicher, wollen viele Bürger die Staatsschulden kaufen.

Gold wird in Krisenzeiten als Fluchtwährung stark nachgefragt.

3.2 Echte Knappheit

Ein Tauschgut ist nur in geringen Stückzahlen vorhanden.
Zeit: Eine Woche hat nur 168 Stunden. Oder: 1 Tag = 24 Std.
minus 7 Std. Schlaf minus 8 Std. Arbeit minus 5 Std. Pendeln, Essen, TV = 4 Std Restzeit.
Aktien: Nur ca. 0,03 % aller weltweit registrierten Unternehmen sind auch börsennotiert.
Geld: »Ich habe immer zu wenig davon«.
Gute Fußballer sind selten, die mit links und rechts Tore schießen können.
Schöne und liebe Menschen auch.

3.3 Relative Knappheit

Im Auge des Betrachters ist etwas ganz selten und er misst deshalb dem Tauschgut einen hohen Wert bei:
- besondere Freunde
- ein Haus in besonderer Lage
- ein Kunstwerk
- ein Kleingarten.

3.4   Keine Knappheit

Es gibt genug Bauarbeiter, genug Steine, genug Holz, um **Häuser** zu bauen. Es gibt genug Fließbänder, Stahl, Gummireifen, um ein **Auto** zu bauen.

Anleihen. Schulden kann jeder machen, ob im Pfandhaus, bei der Bank, bei Freunden oder der Familie. Schulden sind nicht knapp.

Gold. Wird seit 3000 Jahren aus Minen geholt und nie wurde es knapp.

Geld. Jedes Land hat eine Zentralbank, die Geld wie Klopapier drucken kann.

Wahrscheinlich ist Geld aber doch knapp, weil es ganz wenige Arten gibt, an Geld zu kommen:
- Sie können sich es schenken lassen
- Sie können dafür arbeiten gehen
- Sie können es stehlen
  - und es gibt 1000 Arten, es auszugeben

Übung: Prüfen Sie die Knappheit selber, um Werte sicher zu erkennen

	Absolut knapp	Vorübergehend knapp	Relativ knapp	Überfluss	? Mehr wert ? Weniger wert ? Nix wert
Nashorn					
Gold					
Geschlossener Fond					
Models					
Staatsanleihen					
Auto					
Unternehmens- anleihe					
Fussballer					
Elefant					
Haus					
Grundstück					
Aktien					
Zeit					

Download www.geldundwissen.de Blog 25.11.2016 Selbstausfüller Knappheit

Praxistipp:
Tausche nur im zivilisierten Rahmen des Mandalas.
Tausche nur im fairen Netzwerktausch.
Tausche nur mit stabilen Währungen.
Tausche nur wertvolle, also knappe Güter.

4. STOP mit Tauschen – Werte aufbewahren!

4.1 Wider das Pinkelpuppen-Prinzip

Immer nur tauschen? Sie verdienen Geld und geben es wieder aus. Immer nur Geld oben rein und unten wieder raus? Das ist vielleicht gesund, weil man schlank bleibt, aber so setzen Sie keinen Speck an.
Den braucht man aber für später.
Lernen Sie keine Geld-Pinkelpuppe und auch kein Geldkotzer zu sein, sondern Ihr Erspartes zu behalten.

4.2 Das Sparen

Sparen bedeutet, Geld anzuhäufen oder zu stapeln. Das geht nur, wenn man mehr einnimmt, als man ausgibt.
Und das erfordert bereits sehr viel Disziplin!

4.3 Die »Gute Tat«

Reich werden ohne Geld? Im Netzwerktausch geht das. Wer Reputation besitzt, mit dem tauschen die Menschen gerne wiederholt zu höheren Preisen.
Die **gute Tat** hebt die Reputation des Tauschers. Wie das wirtschaftlich nutzt, erkläre ich am Ende des Buchs.

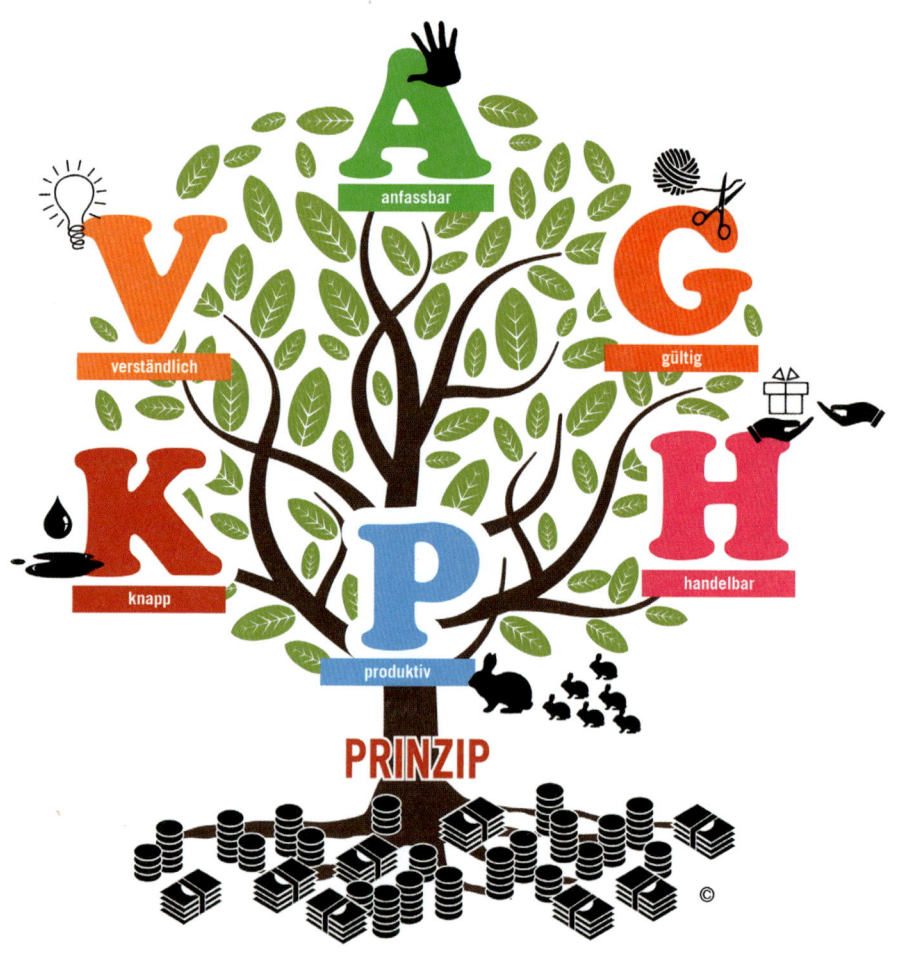

AGH/PKV Mehrwert Prinzip©

5. Investieren!

5.1 Mit dem AGH/PKV Mehrwertprinzip©

Investieren heißt, Geld so zu sparen, dass es sich vermehrt. Geld »vermehrt« sich nicht von allein. Es vermehrt sich erst, wenn der Sparer Geld in Dinge investiert, die »anfassbar« sind, die unbeschränkt gültig sind, die überall ohne Vermittler handelbar sind, die produktiv sind, die knapp sind und die man versteht (sonst tauscht es keiner mit mir). Nur so kann sich Geld vermehren (verzinsen, wachsen).

Nehmen wir mal ein paar Beispiele:
Um dauerhaft vorzusorgen, muss das Geld in Dinge gesteckt werden, die sich nicht auflösen oder plötzlich wertlos verfallen. Besonders in wirtschaftlichen Krisenzeiten, wenn die Schwankungen an den Finanzmärkten besonders hoch sind, stellt sich heraus, dass Güter, in die ich mein Geld gespart habe, einfach verpuffen.

Folgende sechs Bedingungen müssen erfüllt sein, bevor Sie Geld in Etwas investieren können:
Dieses Etwas muss
- anfassbar,
- gültig,
- handelbar,
- produktiv,
- knapp und
- verständlich sein

Wir nennen es das **AGH/PKV Mehrwert Prinzip©**

Gerade weil die Finanzwelt fast nur immaterielle Produkte anbietet, ist es wichtig, das eigene Geld in be-greifbare Güter zu investieren.
Nur die existieren in 30 Jahren noch und stiften Mehrwert.

ANFASSBAR

Am besten investiert man in anfassbare Güter, denn die sind real!

Ist die Sache **anfassbar**? D.h. ist sie tatsächlich körperlich vorhanden?

GÜLTIG

Am besten investiert man in gültige Güter, denn die haben kein Verfallsdatum! Gültige Güter besitzen keine Laufzeitbeschränkungen, wie Laufzeitbeginn (Startschuss) oder Laufzeitende (Ziellinie).

Ist die Sache unbeschränkt **gültig**? Falls Stichtage, Laufzeitanfang, Laufzeitende oder Verfallsschwellen vorliegen, besteht die Gefahr, aus einer Investition herausgedrängt zu werden. Niemand darf Sie zu etwas drängen, wenn es um Ihr Geld geht. Und liegt das Datum noch so fern!

HANDELBAR

Am besten investiert man in handelbare Güter, denn die finden faire Preise! Handelbare Güter benötigen keinen Vermittler, Makler oder Preissteller. Handelbare Güter können Käufer und Verkäufer jederzeit über einen freien Markt handeln.

Ist die Sache frei **handelbar**? Stellen Sie sicher, dass Ihr Investitionsgut möglichst ohne Vermittler handelbar ist. Vermittler verlangen immer eine Marge oder zahlen schlechte Rücknahmepreise.

PRODUKTIV

Am besten investiert man in produktive Güter, denn die sind mehr wert! Produktive Güter sind dynamisch und schaffen Mehrwert aus sich selbst heraus (Unternehmen, Staat).

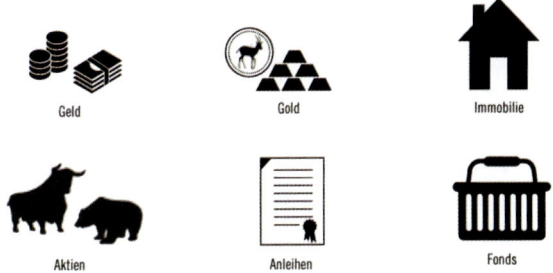

Ist die Sache **produktiv**? Wenn ich mir wünsche, dass mein Geld Mehrwert aus sich selbst schafft, wäre es gut, dass die Sache etwas produziert. Der **Staat** »produziert« z.B. intelligente Steuerzahler, ein **Unternehmen** stellt ein Produkt her (Bildung, Dienstleistungen und Produkte sind produktiv).

KNAPP

Am besten investiert man in knappe Güter, denn die sind begehrt!

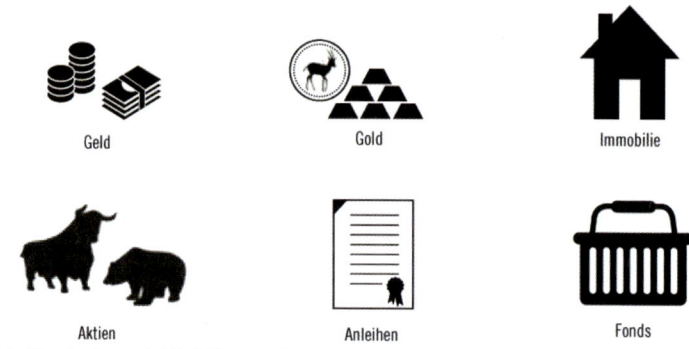

Ist die Sache wirklich **knapp**?

VERSTÄNDLICH

Am besten investiert man in verständliche Güter, denn die finden schneller Abnehmer! Verständliche Güter haben den Vorteil, dass sie sich auch in Krisen verkaufen lassen. Komplizierte Produkte verkaufen sich sehr schlecht.

Ist die Sache **verständlich**? Wenn mir jemand etwas Kompliziertes verkaufen will, glaube ich oft, zu doof zu sein, um es zu verstehen.
Das gebe ich nicht gerne zu. Dabei sind sehr wahrscheinlich auch alle anderen zu doof, es zu verstehen. Wenn ich das unverständliche Gut nun weiterverkaufen will, finde ich wahrscheinlich keinen Abnehmer.

Übung: Bitte füllen Sie die Mehrwertampel mit drei Buntstiften aus.
Grün = ja, trifft zu
Gelb = nicht eindeutig
Rot = nein, trifft nicht zu

	A	G	H	P	K	V
Zeit	○	○	○	○	○	○
Bargeld	○	○	○	○	○	○
Optionen	○	○	○	○	○	○
Nashorn	○	○	○	○	○	○
Gold	○	○	○	○	○	○
Future	○	○	○	○	○	○
Geschlossener Fonds	○	○	○	○	○	○
Models	○	○	○	○	○	○
Staatsanleihen	○	○	○	○	○	○
Auto	○	○	○	○	○	○
Unternehmensanleihe	○	○	○	○	○	○
Fußballer	○	○	○	○	○	○
Aktienfond	○	○	○	○	○	○
Zertifikat	○	○	○	○	○	○
K.O. Schein	○	○	○	○	○	○
Elefant	○	○	○	○	○	○
Haus	○	○	○	○	○	○
Grundstück	○	○	○	○	○	○
E T F	○	○	○	○	○	○
Dachfond	○	○	○	○	○	○
Aktien	○	○	○	○	○	○
Aktienanleihe	○	○	○	○	○	○
C F D	○	○	○	○	○	○

Die Mehrwertampel zeigt eine für das Auge leicht zu überblickende Investitionsanalyse.
Je mehr Rotphasen, desto schrottiger die Investition.

5.2 Die Mehrwertampel©

	A	G	H	P	K	V
Zeit	🟡	🟡	🟡	🟢	🟢	🟢
Bargeld	🟢	🟡	🟢	🟢	🟡	🟢
Optionen	🔴	🔴	🟡	🔴	🔴	🔴
Nashorn	🟢	🟡	🟢	🟢	🟢	🟢
Gold	🟢	🟢	🟢	🔴	🟡	🟢
Future	🔴	🔴	🟡	🔴	🔴	🟡
Geschlossener Fonds	🔴	🔴	🔴	🟡	🟡	🟡
Models	🟢	🟡	🔴	🔴	🟢	🟢
Staatsanleihen	🟡	🟡	🟢	🟢	🔴	🟢
Auto	🟢	🟡	🟢	🟢	🔴	🟢
Unternehmensanleihe	🟡	🟡	🟢	🟢	🟡	🟢
Fußballer	🟢	🟡	🟢	🟢	🟢	🟢
Aktienfond	🟢	🟢	🟡	🟢	🟡	🟢
Zertifikat	🔴	🔴	🟡	🟡	🔴	🟢
K.O. Schein	🔴	🔴	🟡	🔴	🔴	🔴
Elefant	🟢	🟡	🟢	🟢	🟢	🟢
Haus	🟢	🟢	🟡	🟡	🟡	🟢
Grundstück	🟢	🟢	🟢	🟡	🟢	🟢
ETF	🟡	🟢	🟢	🟢	🟡	🟡
Dachfond	🟡	🟡	🟡	🟡	🟡	🔴
Aktien	🟢	🟡	🟢	🟢	🟢	🟢
Aktienanleihe	🔴	🔴	🔴	🟡	🟡	🔴
CFD	🔴	🔴	🔴	🔴	🔴	🔴

Die meisten Grünbewertungen ergeben die besten Investments.

6.   Der Investitionsdiamant© schafft Werte

Wenn Sie kein Fußballverein oder Farmer in Afrika sind, bleiben Ihnen nur einige »mehrwertige« Investitionen. Die Güter mit den meisten Grünphasen bilden den **Investitionsdiamanten**©.

Praxistipp:
Die Mehrwertampel können Sie auch in einem Verkaufsgespräch verwenden. Stellen Sie dem Verkäufer folgende Fragen und kringeln sie die Anworten ein. Mehr als zwei »Rotphasen« heißt: nicht kaufen!

- Kann ich das Finanzprodukt MORGEN in einen anfassbaren Wert wandeln?
- Kann ich ein Produkt ohne Gültigkeits-beschränkungen haben?
- Kann ich das Produkt bei jedem anderen handeln?
- Produziert das Finanzprodukt etwas, auf dessen Gewinne ich ein Anrecht habe?
- Ist das vorgeschlagene Finanzprodukt knapp?
- Verstehe ich die Produktbeschreibung?

Der Diamant symbolisiert den Wert, den sechs Klassen von Investitionen haben. Keine anderen Investitionsgüter erfüllen das AGH/PKV Mehrwert Prinzip© so gut, wie die im Investitionsdiamanten© aufgeführten.

Wenn Sie der Struktur des *Investitionsdiamanten* bei Ihren Investitionen folgen, haben Sie zwar keine Gewinngarantie, aber Sie verringern die Wahrscheinlichkeit von Totalverlusten.
Kein Schneeballsystem oder Betrüger kann Ihnen auch nur ein Produkt verkaufen oder Ihr Geld abwerben.
Mit *Baum, Mehrwertampel* und *Diamant* explodieren miese Produkte vor Ihnen auf dem Tisch. Deshalb halten Sie stets den Fernzünder in der Hand und prüfen sie immer: *AGH/PKV?*

Und wenn es nicht passt?

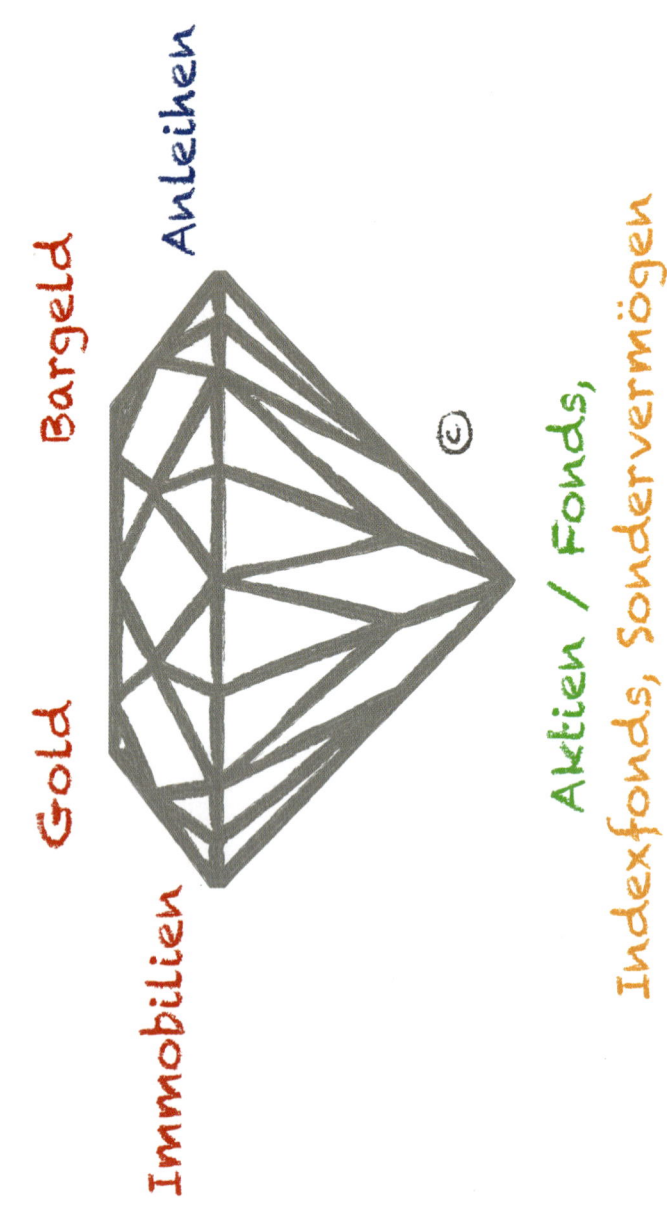

7. »Langweilige« Investitionen

7.1 Gold

In dieser Bank können Sie nur Gold kaufen. Schon der äußere Anschein verspricht mehr.

Diese paar Gramm kosten 798,70 EUR und liegen ganz leicht in der Hand, deshalb ist es eine Fluchtwährung, weil ich das Gold überall auf der Welt einlösen kann.

Noch am Schalter stehend, möchte ich das Gold wieder verkaufen.
Was kriege ich denn dafür? 717 EUR!

→ 30 Sekunden später …

10 % Kursverlust in 30 Sekunden.

Das gibt es doch nicht!

Wie hoch schätzen Sie die Wahrscheinlichkeit ein, dass Ihr Land und die Währung untergehen und sie flüchten müssen?
Antwort: x %

Dann gewichten Sie bei Ihrer Vermögenszusammensetzung also Gold mit x % von Ihren Gesamtersparnissen, weil Gold eine global akzeptierte Fluchtwährung ist.

Risiko: Der Goldpreis kann fallen.

7.2 Immobilien

Die Immobilie ist unbeweglich, sonst hieße sie Mobil(ie).
Keine Fluchtwährung.
Wer aber eine besitzt, zahlt keine Miete und hat für das Alter vorgesorgt und sie kann auch noch im Wert steigen.
Das ist eine Investition.

Selbstgenutztes Wohneigentum

* Eine eigene Immobilie soll meistens den Kindern mehr Platz geben. Stellen Sie sicher, dass Ihre Hypothek abbezahlt ist, wenn das jüngste Kind aushäusig lebt (siehe »KGV«).
* Nehmen Sie den aktuellen Mietpreis in der Gegend, wo Sie das Haus kaufen wollen:
  Kaufpreis geteilt durch Jahresmietpreis = solange dauert es, bis die Immobilie ihren Preis wieder »reingeholt« hat. Diese Jahreszahl sollte mit der Verweildauer Ihrer Kinder übereinstimmen (KGV oder: »Kinder Gehen Verhältnis"). Oft kommen beim Finanzierungsvorschlag mehr als 25 Jahre raus. Sie wollen doch nicht, dass die Freundin vom Sohn gleich mit einzieht!?
* Ein KGV von 25 Jahren bedeutet: »Zu teuer«

Risiko: Ehescheidung!

Fremdvermietetes Wohneigentum

* Steuerliche Erwägungen machen das sinnvoll.
* Doch: Nur solange Sie einen sicheren Job haben, macht Steuern sparen auch Sinn.
* Werden Sie arbeitslos und die Wohnung ist unvermietet, trifft Sie der Schlag.

Risiko: Achten Sie beim Kauf einer Fremdvermietungswohnung darauf, dass sie nicht in einem Komplex liegt, wo alle Wohnungen zeitgleich angeboten werden. Denn, wenn die Steuervergünstigung ausläuft, verkaufen alle Nachbarn gleichzeitig und die Wohnung verliert an Wert.

7.3 Bargeld

Fremdwährungen

Halten Sie Ihr Bargeld in verschiedenen Fremd-Währungen, deren »Mandala« politisch stabil sind und die über viele Rohstoffe verfügen, die die Landeswährung besichern. (Schweden: Eisenerz/Holz, Kanada: Öl/Holz, Norwegen: Öl/Gas, USA: Öl/Gas). Investieren Sie nur in die langlebigen Währungen von Seite 31!

Kredit

Erst durch das Verleihen von Geld entwickelt Bargeld einen Mehrwert aus sich selbst heraus. Wenn jemand kein Geld hat, ist es wertvoll, wenn er es sich leihen kann. Deshalb ist er bereit, dafür eine Leihgebühr zu bezahlen.

> *Zuwenig* leiht sich 100 EUR
> *Zuviel* verleiht das Geld 3 Jahre lang. 1x im Jahr bekommt er 5 EUR Leihgebühr. Und am Ende muss *Zuwenig* die 100 EUR voll zurückgeben.
> Damit verdient *Zuviel* 5 % Zinsen pro Jahr
> *Zuviel's* Geld vermehrt sich. Für ihn ist es eine Investition.

Risiko: Zuwenig zahlt nicht zurück.

Haben Sie es bemerkt? Bereits die »langweiligen Investitionen« in Gold, Immobilien und Bargeld besitzen Risiken, obwohl sie nichts produzieren.

Alle Investitionen sind mit Risiko verbunden!

> **Praxistipp**
> Warnhinweise und Eingruppierung Ihrer Risikoneigung dienen dem Verkäufer ausschließlich zur rechtlichen Absicherung.
> Und Sie werden ängstlich. Ängstliche Investoren verlieren immer.
> Fragen Sie den Verkäufer:
> »Welches ist die zukunftsorientierteste Investition?«

8. »Dynamische« Investitionen

8.1 Anleihen

Es wird dynamisch, weil ab jetzt das Geld in **Zukunftsversprechen** investiert wird.

Staaten, Städte, Gemeinden und Institutionen leihen sich Geld, um den mittleren Ring des Mandalas zu finanzieren. Zum Nachweis dieses Geber/Nehmergeschäftes erhält der Verleiher ein Stück Papier, genannt *Anleihe*.

»Für den Bürger« nannte sich der zweite Kreis des Mandalas. Oft verdienen der Staat, die Stadt, die Gemeinde nicht genug Steuern, um die Dienstleistung für den Bürger zu erbringen. Deshalb leihen sie sich etwas Geld vom Bürger.

8.2 Die Staatsanleihe

Der Bürger gibt dem Staat einen Kredit und erhält dafür einen Zins. Damit der Bürger nachweisen kann, dass er dem Staat Geld leiht, bekommt er einen Anleiheschein. Der Staat macht beim Bürger Schulden.

Grundüberlegung:
- Sind Schulden knapp? *Nein*
- Kann der Staat die Rückzahlung einstellen? *Ja*
- Kann der Kreditgeber den Staat auf Rückzahlung verklagen? *Nein*
- Bekommt der Kreditgeber Sicherheiten? *Nein*

Der Bürger zahlt bereits Steuern an den Staat. Kauft er eine Anleihe, investiert er doppelt. Das ist keine optimale Streuung des Vermögens.

8.3 Der Pfandbrief

Die Stadt Bad Vilbel will das Schwimmbad renovieren, hat aber nicht genug Geld. Dafür besitzt die Stadt ein paar schöne, freie Innenstadtgrundstücke. Diese Innenstadtgrundstücke legt die Stadt in einen Umschlag, als Sicherheit. Nun finden sich Investoren, die der Stadt einen Kredit geben und den Umschlag als Pfand behalten, bis die Stadt das Geld zurückzahlt. Deshalb heißt es Pfandbrief.

8.4   Die Unternehmensanleihe

Ein Unternehmen ist wie ein Land organisiert. Nur hat das Unternehmen einen anderen Zweck, als das Land, es soll nämlich Gewinn machen. Die Fabrikmauer ist die Landesgrenze. Das Unternehmen besitzt einen Vorsitzenden (CEO), der ist wie ein Landeskanzler. Es besitzt einen Finanzvorsitzenden (CFO), der ist wie ein Finanzminister. Es besitzt einen Marketing Vorstand (CMO), der ist wie der Wirtschaftsminister eines Landes. Und es besitzt einen internen Cheforganisator (COO), den wir im Land den Innenminister nennen.

Das Unternehmen ist organisiert wie eine Hierarchie. Der Vorteil bei einem Unternehmen ist die Buchhaltung. Im Gegensatz zum Staat ist der Zweck des Unternehmens die Gewinnerzielung. Es soll mehr einnehmen als ausgeben.

Dadurch ist die Wahrscheinlichkeit, am Ende der Ausleihe das Geld wiederzubekommen bei Nestlé sogar höher als bei manch einem Land.

Egal welche Anleihe Sie also kaufen, Sie gehen ein Kreditgeschäft ein. Immer in der Hoffnung, dass »Zuwenig« nicht pleite geht. Und egal, ob Land, Gemeinde oder Unternehmen: Alle können pleite gehen.
Anleihen sind also nicht sicherer als Aktien.

9. Unternehmen

9.1 Was ist ein Unternehmen?

Ein Unternehmen produziert etwas. Ein Unternehmen produziert Waren und Dienstleistungen. Das Produkt wird verkauft.
Kosten:

- Es benötigt Industrieanlagen.
- Es braucht pünktliche und loyale Mitarbeiter, denen es einen Lohn zahlt und und um die es sich bemüht.
- Es braucht Geld.

Ziel: Produktverkauf, Erträge höher als Kosten = Gewinn.

9.2 Arten der Gewinnverwendung

Dies ist der zentralste Punkt, um gute von schlechten Unternehmen zu unterscheiden. Was machen die mit den Gewinnen?!

Fortbestand

Ein Unternehmen soll stets so erfindungsreich sein, dass es nicht auf der Stelle tritt, sondern sich weiterentwickelt und »mehr« werden kann. Dazu muss es seine Arbeitnehmer weiterbilden, gut behandeln und fair bezahlen. Also verwendet es einen Teil des Gewinns auf die Forschung und Entwicklung neuer Produkte.
Das Beispiel der finnischen Nokia zeigt: Aufstieg und Fall des Erfindungsreichtums. Vom Reifenhersteller, zum Handyproduzent, zum Smartphone-»Verschlafer«. Manchmal erfinden andere schneller und besser, als man selbst beim ersten Mal.

Kreditrückzahlung

Ein Unternehmen verwendet den Gewinn, um die Schulden gegenüber »Fremden« zurückzuzahlen. Fremde sind Banken und Anleihekreditkäufer, bei denen das Unternehmen einen Kredit aufgenommen hat.

Gewinnauszahlung

Der Unternehmenszweck der Gewinnerzielung bedeutet die Auszahlung der Gewinne an die Eigentümer. Das Unternehmen zahlt Gewinn an die Eigner (Besitzer).

Wie werde ich Eigentümer? Indem ich ein Unternehmen gründe oder mir einen Unternehmensanteil kaufe!

Ausgewogenheit

Ein Unternehmen sollte allen drei Zwecken dienen:
- erfinderisch sein,
- den Fremdverpflichtungen nachkommen und
- genug Gewinn an die Eigentümer ausschütten.

Nur wenn ein Unternehmen allen 3 Zwecken gleichermaßen 30/30/30 dient und keinen vernachlässigt, ist es ein gutes Unternehmen und damit auch eine Investition wert.

10.   Aktien

10.1 Aktien sind Unternehmensanteile

Der Käufer einer Aktie erwirbt einen winzig kleinen Anteil an einem Unternehmen. Ihm gehören Teile der Anlagen, des Schornsteins, der Teppiche, der Erfindungen und des Gewinns. Dieser Besitz ist rechtlich einklagbar.

Wenn ein Freund pleite geht, hilft manchmal nur »Russisch Inkasso«, um die Investition zurückzukriegen.

Da hat es ein Aktionär (Aktienbesitzer) wesentlich einfacher. Bei Problemen nimmt er sich einen Anwalt oder er beschwert sich auf der einmal im Jahr stattfindenden Eigentümerversammlung (Hauptversammlung). Deshalb sind Aktien aus zivilisierten Wirtschaften mit Rechtssystem gut.

Bei Staaten, die pleite gehen, sind die Anleihen ohne Pfand bzw. ohne Sicherheit einfach weg oder weniger wert – wie damals in Argentinien.

10.2 Vorteile von Aktien

Preisstellung

Der Unterschied zwischen Ankaufspreis und Verkaufspreis binnen 30 Sekunden liegt bei der Aktie nur bei 2 Cents (0,02 %).
Wie hier bei der Siemens-Aktie. Bei Gold beträgt der Unterschied sogar 10%! (s. Seite 47).

Knappheit

Weltweit existieren 90 Millionen registrierte Unternehmen. Davon sind 30.000 als Aktien an Börsen notiert. Die anderen 89.97 Millionen Unternehmen sind in Privatbesitz. Nur 0,3 % stehen Investoren zum Kauf zur Verfügung. Wie man die »guten« verfügbaren Aktien findet, klären wir ab Kapitel 11.

10.3 Nachteile von Aktien

Pleite! Wenn ein Unternehmen dauerhaft Verluste macht, geht es pleite. Damit werden die Aktien wertlos. Das passiert allerdings selten über Nacht. Sie können rechtzeitig aussteigen.

11.   Die richtige Aktie finden

11.1 Branchenvergleich

Irgendwie sind sich die Menschen weltweit in ihren Bedürfnissen recht ähnlich, also brauchen sie auch ähnliche Produkte, womit sich global ähnliche Unternehmen herausgebildet haben.

So lassen sich Aktienunternehmen global in 18 ähnliche Branchen unterteilen: Autohersteller, Banken, Öl & Benzin, Chemie, Bau, Nahrungsmittel, Getränke, Mechanik, Versicherung, Medien, Medizin, Supermärkte, Textil, Softwarehersteller, Technikhersteller, Telekommunikation, Logistik & Transport, Stromversorger.

»Ich habe keine Ahnung von Aktien!«

In Deutschland sind nicht alle Unternehmensbranchen im DAX Index präsent oder die führenden Unternehmen, wie zum Beispiel Bosch, sind schlicht Privatunternehmen und deshalb nicht an der Börse.
In Deutschland sind von ca. 3.7 Millionen Unternehmen nur ca. 500 börsennotiert.
In den USA sind es von ca. 5.1 Millionen Unternehmen immerhin ca. 4200, die börsennotiert sind, wodurch sich eine größere Auswahl ergibt.

inden Sie zuerst eine Lieblingsbranche aus den Bildern auf der Folgeseite. Anschließend suchen Sie sich aus der Liste auf Seite 59 ein Unternehmen heraus.

Danach schauen Sie, ob Ihnen der eine oder andere Firmenname geläufig ist. Vielleicht kennen Sie die Firma von der Arbeit oder vom Sehen oder ein Bekannter arbeitet dort. Reden andere gut oder schlecht von der Firma?

 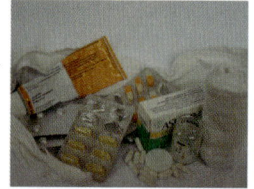 

Relevante deutsche Aktien nach Branchen sortiert

Auto: BMW, Continental, Daimler, VW, Dürr (Lackierstrassen), Elring (Hitzeschild), Hella (Leuchten), Leoni (Kabelbäume), Norma (Schlauchschellen), Rheinmetall (Panzer), Bertrand (Autodesign), Deutz (Dieselmotoren), Grammer (Sitze), SAF Holland (LKW Teile), Stabilus (Kofferraumdeckelheber), Audi, MAN, Porsche, Washtec (Waschstrassen), Delticom (Reifen), Aumann (e-mobilität), Paragon (Batterien), MS Industries (LKW Teile), First Sensor, Sixt, SGL (Karbonbauteile)

Bank: Commerzbank, Dt. Bank, Aareal Bank, Dt Pfandbrief, Comdirect, Ferratum (InternetKredit), MLP, Sixt Leasing, My Buck (MiniKreditAfrika), Baader Bank, (Immo: Vonovia, Dt. Wohnen, TAG, Adler, Alstria, DiC, Hamborner, Hornbach, Patrizia, TLG, WCM, GSW)

Öl & Gas: Fuchs PetroLub (Mötoröl), Uniper (Gas+Stromhandel), BASF (via Wintershall)

Chemie: BASF, Henkel, K+S (Dünger), Linde, Aurubis (Kupferschmelze), Brenntag (Chemietransport), Covestro (ex Bayer BreitenChemie), Evonik, Fuchs Petro, Lanxess (ex Bayer BreitenChemie), Wacker Chemie, KWS Saat, Brain (Geschmacksstoffe), Siltronic (Silizium für Wafer)

Bau/Immobilien: Heidelcement, Bilfinger, Hochtief, Wacker Neuson (Baumaschinen), Bauer (Baumaschinen), Sto (Dämmstoffe), Nemetschek (CAD Software), RiB Software (BauSoftware), Surteco (Tapeten), Uzin Utz (Bodenbeläge), Hornbach/ Immo: Vonovia, Dt. Wohnen, TAG, Adler, Alstria, DiC, Hamborner, Patrizia, TLG, WCM, GSW

Nahrung: Baywa (GetreideHandel), Schloss Wachenheim (Sekt), Hawesko (Jaques Weindepot)

Getränke: Krones (Getränkeabfüllanlagen), Berentzen

Industrie, Stahl: Siemens, Thyssen, Airbus, Klöckner, Rheinmetall, Salzgitter (Stahlröhren), Aurubis (Kupfer), Wincor (Geldautomaten), Braas (Dachziegel), Heidelberger Druck, König & Bauer (Druckmaschinen), KSB (Großpumpen+Turbinen), Vossloh (Lokomotive), Leifheit, SHW, Nordex (Windpark), Rational (Großküchen)

Maschinenbau: DMG (Formbau), GEA (Melkanlagen), Gerresheimer (Reagenzgläser), Jungheinrich (Gabelstapler), Kion (Gabelstapler), Krones, Kuka (Roboterarme), MTU (Düsentriebwerke), Indus, MBB, Schäffler (Kugellager, Achsen, Rotoren, Antriebsstränge), Schaltbau, Gesco, Aixtron, Drägerwerk (Sicherheitskleidung), Jenoptik (Mikroskope), LPKF Laser, Sartorius, SMA Solar, Carl Zeiss (Augenlaser), CentroTech (Heizungen)

Versicherung: Allianz, Münchner Rück, Hannover Rück, Talanx, JDC

Medien: Axel Springer (Zeitung), CTS Eventim (Konzertkarten), Pro7, RTL, Ströer (Aussenwerbung), GfK, Bastei Lübbe, Constantin, Deag (Konzerte), Pantaleon (Film), Syzygy (Homepagebastler)

Pharma: Bayer, Fresenius, Merck, Rhön Klinik, Stada, Celesio, Morphosys (Gendatenbanken), Quiagen (medizinische Schnelltests), Stratec Biomedical, Sartorius, Shopapotheke (OnlinePillen)

Konsum/Textil: Adidas, Beiersdorf (Nivea), Hugo Boss, Metro, Osram, Südzucker, Borussia Dortmund, Gerry Weber, Hornbach, Puma, Sixt, Ahlers (Baldessarini), Beate Uhse, Bijou Brigitte, Halloren (Schokolade), Leifheit, Medion (Aldi), Tom Tailor, Zapf Creation, CTS Eventim, Vectron (Kassensysteme)

Software: Dt Börse, SAP, Psi (Schlaues Stromnetz), Bechtle (Hardware Händler), Cancom (Systemhaus), Compugroup (Systemhaus), Datagroup (Systemhaus), GFT (Bankensoftware), RiB (Bausoftware), Software AG (Serververwaltung), Schneider-Neureither (Datenmigration), Cenit (CAD Implementierer), Nexus (Krankenhaus), Atoss (Personalplanung), Invision (Personaleinsatz), Vectron (Handelsrabattsysteme), S&T (Cloud)

HighTec/Chips: Infineon, Elmos (AutoSensoren), Euromicron, Kontron (MiniMaschinen), Süss (Chips), Adva Optical (Datenübertragung), Dialog Semiconductor (SmartPhoneChips), OHB Satellitenbau, LPKF Laser (Schneiden, Fräsen), Pfeiffer Vacuum (Pumpen), Voxeljet (3D-Druck), Aixtron (LED), Viscom (Röntgenkontrolle Chips), Isra Vision (3D Kontrolle)

Telco: Dt Telekom, Tele Columbus, Gigaset, Freenet, Drillisch, Telefonica o2, QSC, United Internet 1&1

Internet: Zalando (Klamotten), Ferratum (Kredit), Scout 24 (Immobilien), zooplus (Tierfutter), Tui (Reisen), Wirecard (Internatzahlungen), Xing (Social Media), Shop Apotheke (Pillen), Windeln.de (Baby), My Bucks (MiniKredit Afrika), Delticom (Reifen), CTS (Konzertkarten), Bet at home (Wetten),

Transport/Logistik: Dt Post, Lufthansa, Fraport (Flughafen), Hamburger Hafen, Eurokai (Hafen), VTG (Kesselwagen), Celesio, Hapag Lloyd (Container Schiff), Tui Reisen, Sixt Autovermietung

Versorger (Strom): Eon (+Uniper), RWE (+Innogy), Mainova, MVV

Fehlt Ihnen das Einfühlungsvermögen was die Unternehmen so machen? Kein Problem: Gehen Sie in den Blog unter www.finanztherapie.de und suchen Sie nach **»Geld und Wissen on tour«.**
Wir besuchen Aktienunternehmen in ganz Deutschland. Lesen Sie Fotoberichte, die hinter die Kulissen blicken.

Download: www.geldundwissen.de blog 23.4.2106 Volles Sortiment

Übung: Bitte Checkliste ausfüllen:
- Um welche Branchen handelt es sich?
- Welche Branche gefällt Ihnen besonders?
- Welche Branche spielt in Ihrem Alltag eine besondere Rolle?
- In welcher Branche kennen Sie sich besonders gut aus?
- Kennen Sie ein börsennotiertes Branchen-Unternehmen?
- Welche Branche gilt als zukunftsträchtig?

Branche	mag ich	brauch ich	kenne ich gut	börsennotiert	gute Zukunft
Autohersteller					
Banken					
Öl & Gas & Tankstellen					
Chemie					
Bau					
Essenhersteller					
Getränkehersteller					
Maschinenbauer					
Versicherungen					
Medien (TV, Games, Film)					
Pharma					
Einzelhandel (Supermarkt)					
Textilhersteller (auch Sport)					
Software					
High Tech, ComputerChips					
Telefonanbieter (Internet)					
Transport (Paket, Flugzeug, Reisen)					
Stromerzeuger und -versorger					

Download: www.geldundwissen.de Blog vom 22.10.2016 Selbstausfüller Branche

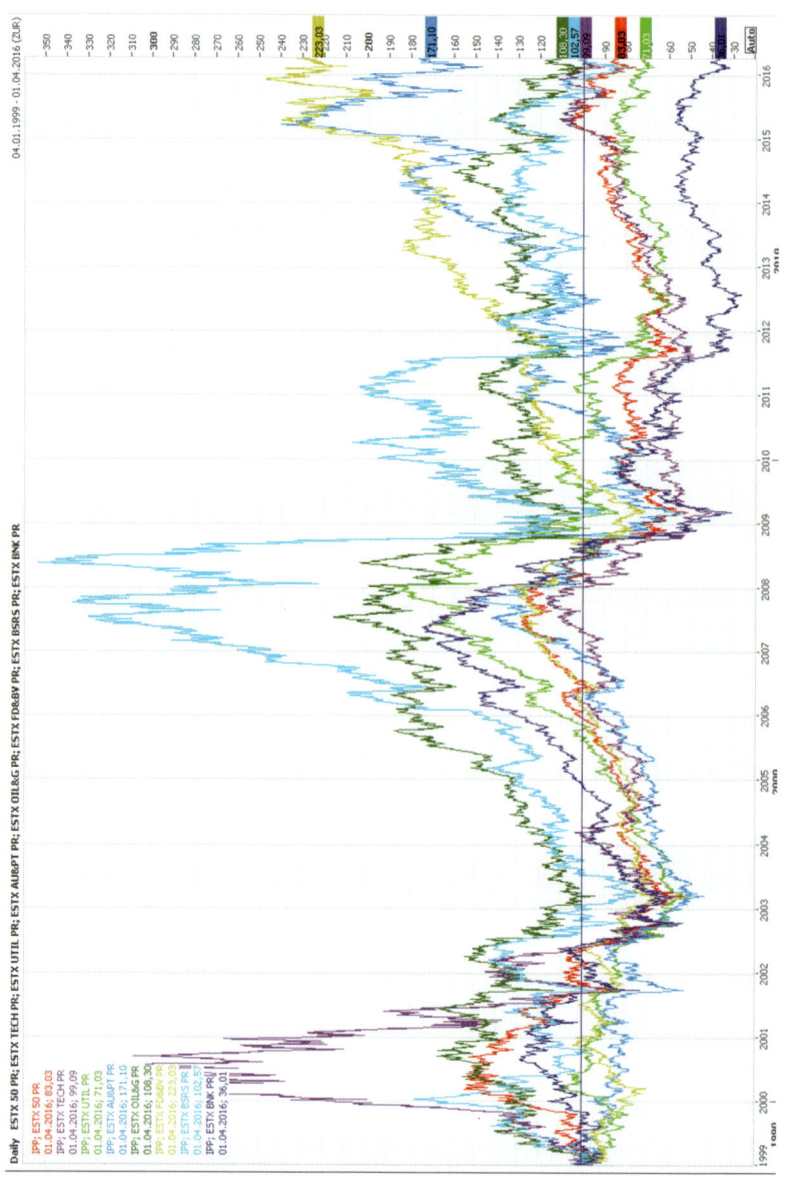

Weshalb lohnt es sich, in Branchen zu denken?

Der **rote Börsenindex** zeigt die durchschnittliche Entwicklung aller Branchen an , die im Index zusammengefasst sind. Hier ist sehr schön zu sehen, wie unterschiedlich sich einzelne Branchen besser oder schlechter gegenüber dem Index entwickeln.

Der **gelbe Balken** zeigt die Wertentwicklung von Aktien aus der Getränkebranche.

Der **hellblaue Balken** zeigt die Wertentwicklung von Aktien aus der Rohstoff Branche (Öl, Gas, Kupfer, Gold, Getreide).

Der **lila Balken** zeigt die Wertentwicklung von Technologieaktien an.

Der **dunkelblaue Balken** zeigt die Wertentwicklung von Banken an.

So unterschiedlich und ereignisreich ist Wirtschaft.

Investieren Sie in Branchen oberhalb der roten Linie und meiden Sie die Branchen, die unter Wasser tauchen.
Mehr dazu im Abschnitt „15.3 Augen auf! Eigene Aktienideen finden" auf Seite 101.

11.2 Zahlenvergleich

Hilfsmittel

Fordern Sie Ihren Gegenüber zum Zahlenvergleich auf! Eine mühselige Arbeit, die wenig Spaß macht. Und eigentlich ist es bei einer guten Aktie wurscht, ob die Aktie günstig oder teuer bewertet wird.

So arbeiten die Profis: Weil ein Unternehmen, wie gelesen, keinen Verlust machen soll, hat es ein Rechnungswesen, um seinen Eigentümern nachzuweisen, dass es nicht schlampig, sondern sehr gründlich arbeitet.

Das hat den Vorteil, falls es doch Verluste macht, kann es den Eigentümern haargenau herleiten, woher die Verluste kommen und sich so entschuldigen.

Deshalb haben Börsenunternehmen ein sehr detailliertes Zahlenwerk.

Beispiel: SAP, das Unternehmen mit dem höchsten Marktwert.

Alle weiteren Bestandteile einer Bilanz finden Sie ab Seite 117 am Ende des Buchs.

Dort finden Sie die Zahlen, die Sie brauchen, um das Bilanz-Lesegerät selbst ausfüllen zu können.

Konzernbilanz des SAP-Konzerns zum 31. Dezember des jeweiligen Geschäftsjahres

Mio. €	Textziffer	2016	2015
Zahlungsmittel und Zahlungsmitteläquivalente		3.702	3.411
Sonstige finanzielle Vermögenswerte	(12)	1.124	351
Forderungen aus Lieferungen und Leistungen und sonstige Forderungen	(13)	5.924	5.274
Sonstige nicht finanzielle Vermögenswerte	(14)	581	468
Tatsächliche Steuererstattungsansprüche		233	235
Summe kurzfristiger Vermögenswerte		**11.564**	**9.739**
Geschäfts- oder Firmenwert	(15)	23.311	22.689
Immaterielle Vermögenswerte	(15)	3.786	4.280
Sachanlagen	(16)	2.580	2.192
Sonstige finanzielle Vermögenswerte	(12)	1.358	1.336
Forderungen aus Lieferungen und Leistungen und sonstige Forderungen	(13)	126	87
Sonstige nicht finanzielle Vermögenswerte	(14)	532	332
Tatsächliche Steuererstattungsansprüche		450	282
Latente Steueransprüche	(10)	570	453
Summe langfristiger Vermögenswerte		**32.713**	**31.651**
Summe Vermögenswerte		**44.277**	**41.390**

Quelle: Wertsteigerung durch Innovation. SAP Integrierter Bericht 2016

Lesegerät »Abhakzettel«

grün = Zahl raussuchen, Suchbegriffe in der Bilanz
rot = Zahl berechnen

	Zahl oder Ergebnis einfüllen			Zahl oder Ergebnis einfüllen
Anzahl Aktien »1«		Firmenwert »3« = Sachanlagen = Unternehmensvermögen = Buchwert	EPS	
Aktueller Aktienkurs »2«	EUR	Preis »4« = Marktkapitalisierung »4«	Aktueller Aktienkurs »2«	
Marktkapitalisierung = Unternehmensgröße (= »1«x»2«)	x-fache	Preis/ Buch Wert (= »4«/ »3«)	KGV (= »2«/EPS)	Jahre
Jahresüberschuss Jü = Gewinn nach Steuern = Nettogewinn		Free Cash Flow »5« = Cash Flow aus betrieblicher Tätigkeit	Gewinnausschüttung „7"	
EPS (Gewinn je Aktie) (Jü/ »1«)	EUR	Schulden »6« = Langfristige Verbindlichkeiten	Jü	
	Jahre	Dauer Schuldenrückzahlung (= »6«/ »5«)	Faire Dividende > 30 % (=»7«/Jü)	%

Download: www.geldundwissen.de Blog vom 20.10.2016 Selbstausfüller Lesegerät

Bedeutung der roten Zahlen aus dem Lesegerät

Mit diesem vereinfachten Lesegerät können Sie jede Bilanz-, Gewinn- und Verlustrechnung entziffern, um die relevanten Bewertungskennziffern abzuleiten.

> **Übung**
>
> Lassen Sie sich per Post kostenlos die Bilanz Ihres Wunschunternehmens von „Alle deutschen Aktien nach Branchen sortiert" auf Seite 59 zuschicken. Bilanz, GuV, GFr heraustrennen.
>
> Suchen Sie die grünen Fachbegriffe aus dem Abhakzettel und tragen Sie diese in die Tabelle ein.
>
> Taschenrechner raus und rote Zahlen kalkulieren.

Das bedeuten die roten Zahlen:

Marktkapitalisierung

- Unter 200Mio = kleines Unternehmen
- 200 - 3000Mio = mittleres Unternehmen
- Über 3000Mio = großes Unternehmen

KGV: Kurs Gewinn Verhältnis:

So viele Jahre braucht das Unternehmen, um mir meinen „Einsatz" aus den laufenden Gewinnen zurückzuzahlen.

- Unter 10 Jahre = kurz = günstig
- Über 20 Jahre = lang = teuer

PBV: Preis zu Buchwert Verhältnis:

Wieviel EUR zahle ich für 1 EUR „wegtragbaren Wert"

- Unter 1 EUR = günstig
- Über 2.5 EUR = teuer

Dividendenrendite:

Sollte $1/3$ vom Nettogewinn betragen. Erinnern Sie sich an die Ausgewogenheit der Gewinnverwendung (Seite 54)?

$1/3$ für den Fortbestand

$1/3$ für die Kreditgeber

$1/3$ für die Eigentümer.

Schulden zu Free Cash Flow Verhältnis:

Braucht ein Unternehmen länger als 6 Jahre, um die Schulden aus dem FreeCashFlow zurückzubezahlen, hat es zu viele Schulden.

Dieses Zahlengedüdel sagt mir etwas über die aktuelle Qualität des Unternehmens, nichts über seine Zukunft.

Deshalb ist es so wichtig, die eigene Lieblingsbranche zu finden und dort zu investieren, weil Sie dort den Trend kennen.

11.3 Linienvergleich

Aktienkurse haben eine Vergangenheit. Wie ein Sternenschweif am Nacht-
himmel. Den hinterlässt eine Aktie. Um aus der Vergangenheit die Zukunft
lesen zu können, bilden Statistiker gleitende Durchschnitte.

Das heißt, sie glätten die Kurse, indem sie jeden Tag den durchschnitt-
lichen Kurs der letzten 50 Tage (50 Kurse addieren und durch 50 Tage teilen) bzw. der letzten 200 Tage (addiere die letzten 200 Kurse geteilt durch
200) bilden. Diese Durchschnitte »gleiten« quasi dem aktuellen Tageskurs
hinterher.
»Was ein Käse, wie soll ich aus hinterherhinkenden Durchschnittskursen
die Zukunft vorhersagen können!« Stimmt.
Weil aber alle Börsianer daran glauben, versetzt der Glaube Berge und
wird so zur Realität. Durchstößt die Fünfzigtagelinie (rosa Hinkeline) die
Zweihunderttagelinie (gelber Hinkefuß) von unten nach oben = Kaufsignal
= Golden Cross (Tusch!). Durchstösst die 50-Tage- die 200-Tagelinie von
oben nach unten = Verkaufssignal (Tränen!).
Seit 1929 gab es im amerikanischen Aktienindex nur ca. 27x das Golden
Cross. In 19 Fällen folgte ein längerer Aufwärtstrend. Damit ist es eines
der »sichersten« Indikatoren mit fast 70 % Trefferquote. Nur kommt es
halt selten vor.

11.4 Aktienindex

Apropos Schweif-Analyse. Was ist eigentlich ein Aktienindex?

Antwort: Eine Hülle.

Der DAX30 ist der Deutsche Aktienindex. Er ist die Länderhülle für die 30
größten Unternehmen in Deutschland, die nicht in privatem Besitz sind,
sondern deren Inhaber, lauter kleine Aktionäre sind.
Und weil die 30 Unternehmen in der Hülle unterschiedliche Größen haben,
gibt es Schwergewichte und Fliegengewichte in der Hülle.
So fällt der Mini aus dem Index raus, wenn ein größeres Püppchen am
Horizont auftaucht. Die Unternehmen, die aus der Hülle fallen, haben also
an Größe verloren, weil ihr Kurs gefallen ist (Anzahl Aktie x Kurs = Größe =
Marktkapitalisierung).

Deshalb investieren manche
gerne in kleinere Aktien, in der
Hoffnung, das Püppchen zu
erwischen, das in die nächst
grössere Hülle aufsteigt und das
Schrumpfpüppchen ersetzt.
Vor 10 Jahren war SAP unter
den 30 Daxwerten noch ein
Fliegengewicht. Dann haben die
immer mehr Software verkauft
und das Unternehmen wurde
immer wertvoller.

Übung:
Weshalb sind im DAX »nur« 30 Unternehmen und im amerikanischen Standard & Poors Index 500 Unternehmen?
Kennen Sie Namen anderer Börsenhüllen in anderen Ländern?
Nehmen Sie die Mitglieder des DAX: Welche Branchen dominieren, welche fehlen?

Die Länderhülle ist stets ein Repräsentant der Eigenarten eines Landes. Der Kapitalismus ist in den USA viel ausgeprägter als in Europa. Frankreich bringt nur 40 Unternehmen in den Index (CAC 40), während England, als angelsächsisches Land, 100 Unternehmen hat (FTSE 100).

Weil die starken die schwachen Unternehmen aus der Hülle verdrängen, ist der Index auch ein Zeichen für die Struktur und Geschichte der Wirtschaft in einem Land. Deutschland als Land der Ingenieure hat viele Auto- und Autozuliefereraktien in der Länderhülle. Frankreich und England waren Kolonialmächte und haben deshalb Ölförderunternehmen im Index, die noch heute nach Öl in den ehemaligen Kolonien bohren.

12.   Das Fonds & Mensch Konzept© Teil I

Wenn Sie wählen gehen, wählen sie die Partei, von der Sie glauben, dass sie zu Ihnen passt und langfristig Ihre Interessen vertritt. Sie sind nicht so doof, die Partei zu wählen die Ihnen längere Grünphasen verspricht oder ein besseres Fernsehprogramm.

So ist es auch bei der Fondsauswahl. Fragen Sie nicht nach der höchsten Rendite, sondern wählen Sie den Fonds, der langfristig am besten Ihre »Interessen« vertritt. Wenn Sie Ihre Fondsanlage mit Aktien an Ihre Persönlichkeit angleichen, erzielen Sie langfristig den höchsten Gewinn. Wieso? Investieren passiert über einen langen Zeitraum. Die Börse bewegt sich in Wellen. Fast alle Investoren verhageln sich Ihre langfristigen Gewinne weil sie a) in der Euphorie zu risikoreiche Fonds kaufen, weil sie b) in der Panik kopflos verkaufen und c) im Aufschwung zu defensiv kaufen. Dieses Dilemma können Sie auflösen: Mit dem Fonds & Mensch Konzept. 70% der Leser und Seminarteilnehmer stellen fest, dass sie den richtigen Fonds auswählen. Lesen Sie nun die Beschreibung der zehn gängigsten und sinnvollsten Investmentstile von Aktienfonds und kringeln Sie die Stile ein, die Ihnen gefallen.

Weil ein Kleinanleger nicht alles wissen kann, gibt es Spezialisten. Spezialisten für Länderhüllen, Spezialisten für jede einzelne der 18 globalen Branchen, »Spezialisten für Sternenschweifanalyse« und Spezialisten mit einem bestimmten Anlagestil.

Alle haben eins gemeinsam: Sie jagen Aktien von Unternehmen in ihrem Fachbereich, die den meisten Gewinn machen und deren Kurse theoretisch am stärksten steigen können.

Diese Jäger nennt man Fondsmanager und sie arbeiten für Fondsgesellschaften. Sie sammeln ihre besten Jagdexemplare in einem Korb (Fonds) und Sparer können Anteile am Korb kaufen. Die Körbe sind Sondervermögen. Der Fondsmanager verwaltet sie wie ein Treuhänder. Sollte die Fondsgesellschaft pleite gehen, darf der Käufer sich jede Aktie aus dem Korb einzeln nach Hause liefern lassen.

Solche Fonds sind Schutzanzüge für Ihr Geld.

Praxistipp:
Wenn Ihnen ein Fonds vorgeschlagen wird, fragen Sie, wie lange der betreffende Fondsmanager die Gelder im Fonds bereits betreut. Es sollten mindestens 7 Jahre sein.
Diese Fondsmanager sind in der Regel meine schlauesten Kunden.

Fondsmanager haben einen bestimmten Blick auf die Welt und folgen diesem Blick. Beim Investieren nennt man das **Investmentstil**.
Es gibt 300 Investmentstile, aber nur diese 10 aus dem Mandala sind global vorherrschend und mit einfachen Worten zu erklären.

12.1 Aktiver Scoring Stil

Der Fondsmanager sucht Aktien nach folgenden Kriterien aus:
1. z.B. 33 % Nebenwerte, 66 % Großunternehmen
2. 1/3 Sektorengewichtung, 2/3 Stockpicking
3. Technische Analyse
4. Verhaltensansatz (antizyklisch)
5. Managementqualität heute im Vergleich zur Vergangenheit (oft ist ein Fondsmanager länger im Amt als der Vorstandsvorsitzende der AG und kann es deshalb beurteilen)
6. Bilanzqualität
7. Hohe Markteintrittsbarrieren
8. Kennziffer: niedriges KGV (siehe S. 67)
9. »Investitionsgradsteuerung« 110 %

12.2 Wachstums Stil

Der Fondsmanager sucht Aktien nach folgenden Kriterien aus:
- Definierter Wachstumstrend: Unternehmen, die über den Zyklus hinweg wachsen.
- Starke Marken, Markendurchsetzung
- Preissetzungsmacht, Marktdurchdringung
- Kosteneffiziente Fertigung, eigenes Vertriebsnetz
- Dividendenrendite unrelevant, teure Firmen ja
- Kennziffer: operativer FCF

Wichtig ist, europaweit zu investieren, weil in Deutschland solche Unternehmen meist privat sind. Vorteil: Es werden schlechte Investitionen zeitig verkauft und so größere Verluste vermieden. Das können Indexinvestoren nicht, denn die kaufen mit dem Index jede Aktie.

12.3 Absolute Return Stil

Die Jäger müssen nachweisen, dass sie besser sind als der Sternenschweif des Index. Des Jägers Stern muss höher stehen, als der der Hülle. Und da gibt es Fondsmanager, die diese Vergleiche aufgeben und versuchen prinzipiell besser zu sein.
- Man investiert in Unternehmen, die nicht untergehen (Alpha = Einzelrisiko).
- Im Index sind zu viele schwache Aktien. Sich um sie zu kümmern kostet Zeit und erhöht das Risiko. Sie links liegen zu lassen, vermindert das Risiko.
- Nehme Unternehmen, die der 30/30/30 Gewinnverwendungsregel folgen
- Bilanzanalyse: Deckt der operative FCF die 30/30/30 ab?

Der Fonds soll immer eine positive Rendite erwirtschaften. Selbst wenn die Aktienmärkte runtergehen. Wie? Der Jäger schaut sich auf der ganzen Welt um. Selten geht es überall gleichzeitig bergab.

Nun müsste er eine Glaskugel haben, um zu wissen, wo Krisen auftreten, damit er seine Investitionen rechtzeitig absatteln kann. Hat er aber nicht. Außerdem kann der Jäger eine Investitionen nicht im vollen Galopp von einen auf den nächsten Gaul umsatteln. Also muss er stets »vorbereitet« sein, und sich alternative Investitionen offenhalten. Dieses »sich offenhalten« ist mit Kosten verbunden. Also steigt ein Absolute Return Fond langsamer als der Markt, macht aber keine Verluste, wenn es abwärts geht. Es benötigt viel Erfahrung beim Jäger.

12.4 Werterhaltungs Stil

Der Fondmanager sucht Aktien nach folgenden Kriterien aus:
Nach Value-Kriterien zu investieren bedeutet, dass man Geld verdienen will mit der fundamentalen Entwicklung und der Rentabilität eines Unternehmens. Setzt man dagegen alleine auf das Momentum unabhängig von der fundamentalen Entwicklung, erwartet man allein auf der Basis von der Fortsetzung von Kurssteigerungen Geld zu verdienen, unabhängig von der eigentlichen Entwicklung des Unternehmens. Auch der Value-Investor setzt darauf, dass auf der Basis einer niedrigen Bewertung eine Aktie in nicht zu ferner Zukunft steigen wird. Allerdings hat er eine Idee davon, was das Unternehmen nachhaltig wert sein sollte, was ihm bei Rückschlägen die Sicherheit gibt, ein Investment auch durchzuhalten. Wachstum, Wachstumspotential, Qualität, Substanz, Kapitalintensität, Kapitalrendite, nachhaltiger Wettbewerbsvorteil usw. spielen alle eine Rolle bei der Bewertung und werden früher oder später von den Aktienkursen reflektiert.

12.5 Unterbewertungs Stil

Der Fondsmanager sucht Aktien nach folgenden Kriterien aus:
- Zahle nie mehr als 1 EUR für 1 EUR »wegtragbaren Wert« (PBV 1x)
- Zahle selten mehr als 10 EUR für 1 EUR Gewinn (KGV 10x)

→ Oft handelt es sich um Unternehmen aus unbeliebten Branchen oder mit hohen Schulden, bei denen der Fondsmanager glaubt, dass es sich bald ändert.

12.6 Schnelles Wachstum Stil

Der Fondsmanager sucht nach folgenden Kriterien aus:
- Definierte Wachstumstrends: z.B. Technologie, Datenverkehr, Medizintechnik, Internetkonsum, Fettleibigkeit
- Branchen, die schneller wachsen: Internet, Serverhersteller, Diagnostik, Logistik, Diabetis
- Passende Unternehmen: United, Oracle, Carl Zeiss, DtPost, Fresenius
- Suche Unternehmen, die innerhalb der Branche schneller wachsen
- Treffe Annahmen über Gewinn- und Umsatzwachstum: Verlange zweistelliges Umsatzwachstum & 5 % Gewinnwachstum.
- Treffe Annahmen, wieviele Schulden akzeptabel sind: 10 Jahre FCF (siehe Seite 67) zur Schulkdentilgung ist akzeptabel.
- Meistens handelt es sich um kleine Unternehmen

12.7 Dividenden Stil

Der Fondmanager sucht nach folgenden Kriterien aus:
- Messlatte ist die Verzinsung von Staatsanleihen
- Die Dividende des Unternehmens muss höher sein
- Die Dividende sollte kontinuierlich gezahlt worden sein
- Viele Unternehmen zahlen hohe Dividenden weil sie bäbä sind (z.B. Waffen, Tabak, Alkohol) oder ihnen nichts besseres einfällt (z.B. Stromversorger, Telekom, Post)
- Gewinne sollten aus unreguliertem Geschäft kommen

Die Nachhaltigkeit der Dividende erkenne ich wieder am Prozentsatz: 30 % vom Nettogewinn ist in Ordnung (Investitionen, Schulden bedienen, Dividende). 70-100 % Ausschüttung ist verdächtig, weil dann sichert das Unternehmen nicht die eigene Zukunft.

12.8 Aktiver Stil

Der Fondsmanager sucht nach folgenden Kriterien aus:
Suche nach plausiblen Geschäftsmodellen. Plausible Unternehmen werden stärker im Fonds gewichtet
- Komplettes Auslassen ganzer Branchen, wenn diese schlechte Zukunftsaussichten haben
- Aktive Auswahl von kleineren und mittleren Unternehmen
- Persönlicher Eindruck über die Geschäftsführung eines Aktienunternehmens ist entscheidend

- Die eingegangenen Positionen werden mindestens 18 Monate gehalten
- Höchstens 40 % Umschlagsvolumen
- Ruhige Hand
- Kein Handeln »auf Quartalszahlen«
- Die Teilnahme an der Markteinführung neuer Unternehmen (sog. IPO) ist wichtig

Bei der *Timingentscheidung*, wann gehe ich in ein Unternehmen *long*, wann *short*, spielen neben dem Geschäftsmodell und der Bewertung (relativ zur eigenen Historie und zum Sektor/Markt) natürlich auch Makrofaktoren (Wirtschaftswachstum, Sektor -und regionale Entwicklungen) und regulatorische Änderungen eine wichtige Rolle. Die Marktpsychologie ist ein weiterer Faktor, denn die Märkte neigen oft zu Übertreibungen in die eine oder andere Richtung. Nicht selten verlieren gute Substanzunternehmen 10 % an einem Börsentag, nur weil sie die Quartalsschätzungen leicht verfehlen. Hier ergeben sich oftmals Einstiegsgelegenheiten, wenn man einen längeren Anlagehorizont hat. Ein gutes Unternehmen ist immer teurer als ein schlechtes. Und ich würde immer ein gutes Unternehmen *long* gehen und ein billigeres, schlechtes *short*.

12.9   Der KMU-Stil (kleine und mittelgroße Unternehmen)

Fondsmanagerkriterien: Der Jäger schaut nach kleinen, schnellen, wendigen Unternehmen, die vielleicht eine interessante Nischen-Branche besetzen oder Wachstumspotential besitzen oder übernommen werden oder noch zum Teil im Familienbesitz sind, weil Familienunternehmen besser führen (sog. Unternehmerwertefonds).

12.10 ETF, Indexfonds

Der ETF ist der »Spiegel-Stil«. Auf Seite 62 war zu sehen, dass ein Aktienindex (rote Kurve) die Summe verschiedener Branchen und Aktien ist. Die einzelnen Aktien und Branchen gehen mit unterschiedlicher Gewichtung in den Index ein und beeinflussen ihn nach unten oder oben. ETF Käufer glauben, dass es keinen allwissenden Jäger gibt, der immer auf die richtigen Branchen und Aktien setzt, die oberhalb der roten Linie verlaufen. Denn oft setzten die Jäger auf die falschen Branchen und - zack - verdient ihr Fonds weniger als der Index.

Der Indexfonds/ETF baut den Index 1 zu 1 nach. Dieser Fonds wird nie mehr Geld verdienen als der Index, sondern stets ein bisschen weniger. ETF Käufer gehen mit dem Markt rauf und runter.

12.11 Schwitziges Polyester

Der ETF oder Indexfond ist ein Fond mit Einheitsgröße, der allen Anlegern passen soll. Nachteil: Manche Anzüge sind aus Kunstfasern. Wenn es bei Aktien heiß wird, schwitzen Sie doppelt.

Ticker ↓	Last	CHG	52 HI	52 LO	YTD
⊕ My Security Monitor					
CENTROTEC SUSTAI	↓18.80	-.7%	19.425	12.65	+23.0%
+ COMSTAGE MDAX ⌐	↓24.68	-.3%	24.85	18.65	+12.8%
DEAG DEUT ENTERT	2.525	-.1%	3.858	2.085	-10.3%
FIRST SENSOR AG	↑12.26	+1.1%	15.36	8.636	-15.4%
FRANCOTYP-POSTAL	↑5.90	--	5.899	3.61	+7.5%
HAPAG-LLOYD AG	↑27.995	+.2%	31.835	15.30	+27.5%
+ ISHARES MDAX UC	↑218.55	-.1%	219.22	164.00	+12.7%
JDC GROUP AG	8.585	+.6%	8.699	4.623	+62.6%
KONTRON AG	↓3.18	-1.3%	3.394	2.184	+11.6%
KSB AG-PFD	↓435.15	-1.4%	463.90	290.00	+22.6%
MBB SE	↓118.25	+1.1%	121.30	28.01	+69.8%
+ MDAX PERF INDEX	↑25185.0	-.1%	25262.2	18853.1	+13.5%
MS INDUSTRIE AG	2.70	+2.0%	3.53	2.117	+5.0%

Diese Kursgrafik zeigt Ihnen in der untersten Zeile die Wertentwicklung des Index MDax in der Spalte YTD. 13.5%. In der zweiten Zeile finden Sie ein »Polyester ETF« mit 12.8% und in Zeile sieben ein »Naturfaser ETF« mit 12.7% Wertentwicklung. Ein ETF entwickelt sich garantiert schlechter als der Index.

Der Spiegelbild-Konstrukteur, also der ETF Anbieter, hat Konstruktionskosten, die er automatisch von der Wertentwicklung abzieht.

Lesen Sie immer die Sparte »Anlagepolitik« beim ETF!

Wenn dort etwas von »Derivaten, Swaps, synthetisch« auftaucht, handelt es sich um einen synthetischen Fonds. Der heißt wirklich so! (Polyester-Klamotte).
D. h. wenn der Anbieter pleite geht, ist Ihr ganzes Geld weg. Kaufen Sie NUR replizierende Indexfonds (Naturfaser). Die Bioklamotte ist zwar teurer, aber sicherer, weil im Falle der Anbieterpleite alle Aktien im ETF Ihnen gehören.
Machen Sie sich die Mühe und lesen Sie dieses eine Blatt mit dem Namen »Anlagepolitik«.

Praxistipp:
Mit ETFs haben Sie sich für eine passive Investition mit garantiert unterdurchschnittlicher Wertentwicklung entschieden. Seien Sie nun bitte so gründlich und prüfen alle Ihre ETFs auf dem Konto! Ersetzen Sie alle »synthetischen« ETFs durch »replizierende« ETFs.
So vermeiden Sie einen möglichen Totalverlust.
Ihre Bank wird die Anweisung verstehen.

13. Persönlichkeitstypen und passende Fondstypen
Fonds & Mensch Konzept© Teil II

Es geht darum, den psychologisch zu Ihnen passenden Aktienfonds zu finden. Falsche Aktienfonds verursachen Ihnen in Extremsituationen große Schmerzen, wodurch Sie überreagieren.

Sie kaufen falsch in der Euphorie und verkaufen falsch in der Panik.

Meine Praxis als Heilpraktiker für Psychotherapie zeigt mir, das psychologisch passende Aktienfonds Ihnen helfen, kontinuierlich zu investieren.

Ohne vergangene Fehlinvestitionen ersparen Sie sich risikoreiches Handeln, um sie wieder auszugleichen. Bestimmte Fondstypen passen aus meiner Erfahrung am besten zu bestimmten Menschentypen.

Das Fonds & Mensch Konzept© hilft Ihnen, den passenden Aktienfonds zu finden. So werden Aktien zu einem Schutzanzug für Ihr Vermögen (aus Naturfasern).

> Übung: Kringeln Sie spontan ein:
> Welcher Fondstyp hat Ihnen am besten gefallen?

Scoring Modell

INDEX/ ETF

Wachstum

KMU

Welcher Fondstyp ist Ihr Typ?

Absolute Return

Aktiv

Werterhaltung

Dividenden

Schnell-Wachstum

Unterbewertung

> Übung:
> Bitte füllen Sie diesen Bogen aus. Fragen Sie sich selbst: Wer bin ich?
> Das hilft Ihnen beim besseren Investieren.

Erfassungsbogen – Typ 3 // Ganzheitliche Persönlichkeit. Strategisch.

Ausbildung — RELEVANZ Für INVESTMENTFELDER

Schule	
Hochschule	
Ausbildung	
Lieblingsfächer	
Begabung	

Beruf

Welcher Beruf	
Arbeitgeber	
Daten	
Arbeitszufriedenheit	
Umgang mit Kollegen	
Stellenwert derArbeit	

Familie

Alter	
Herkunftsfamilie	
Eltern	
Geschwister	
EigeneFamilie	
Ehefrau	
Kinder	
Erwartungen der Familie (Optional)	
Erziehungsstil (Optional)	
Zusammenhalt in der Familie (Optional)	

Gesundheit

Körper	
Geist	

SozialeKontakte

Freundeskreis	
Freizeitaktivitäten	
Verein	
Kultur	
Sport	
Spielverhalten	
Hobbys	
Vorbilder	
Sozialverhalten	
Bekannte	
Mitgliedschaften	
Urlaubsziele	

Partnerschaft (Optional)

Alter des Partners	
Informationen zum Partner	
Alleinstehend	
Gründe	
Einstellung zum Alleinsein	

Innere Lebensgeschichte

Lebensmotivation	
Leitbilder	
Zukunftserwartung	

Übung:
Auf Seite 80 haben Sie die Selbsteinschätzung ausgefüllt.
Welchen Eindruck haben Sie von sich?
Es können ruhig 2-3 Eindrücke sein.
Ich bin ...

Hinter jedem Investitionsstil steht eine gewisse Perspektive, wie der Fondsmanager die Welt sieht. Diese haben wir einfach mit den Psychotypen des Sparers abgeglichen. Es ist das patentierte Fonds & Mensch Konzept©.

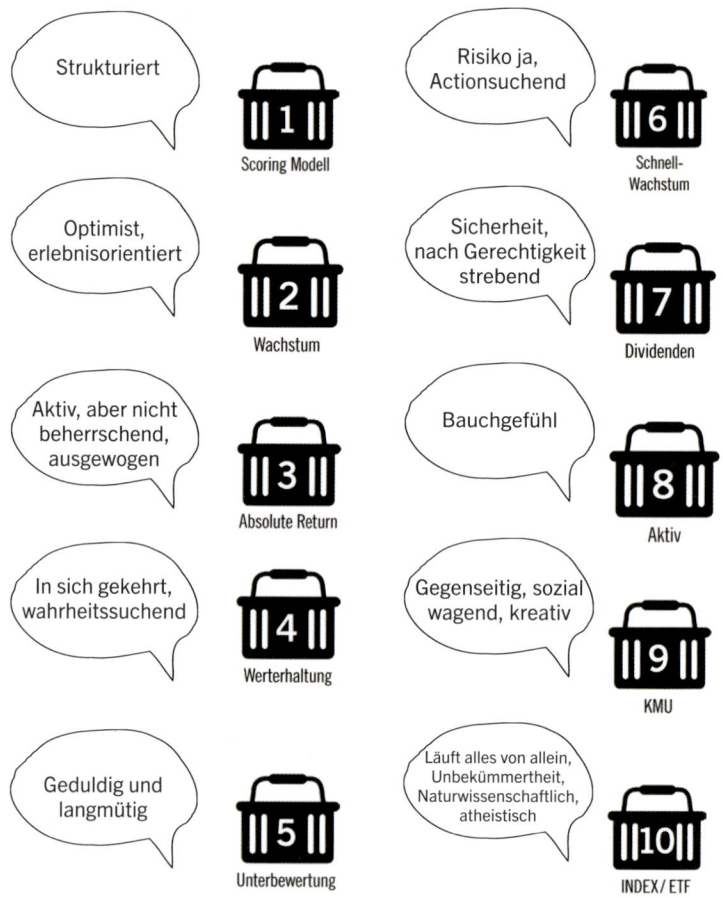

Mit der Auswahl des passenden Investitionsstils stellen Sie sicher, dass der Aktienfonds mit Ihren persönlichen Zielen zusammenpasst. Das ist das Fonds & Mensch Konzept©.

Übung:
Überprüfen Sie nun, ob Ihre Fondskringel von Seite 79 und die Selbsteinschätzungsblasen von Seite 81 mit unserem Fonds & Mensch Konzept von Seite 82 zusammenpassen.

Volltreffer! 70% der Leser stellen fest, dass die eigenen Fonds-Kringel mit den Vorschlägen von Seite 82 übereinstimmen.
>> Sie besitzen bereits das intuitive Wissen, den richtigen Aktienfonds auszusuchen.

Praxistipp:
Glückwunsch! Sie haben selbst den Fonds gefunden, der wie angegossen zu Ihrer Persönlichkeit passen sollte.
Gehen Sie nun zu Ihrer Bank und verlangen den Aktienfonds-Stil Ihrer Wahl. Und kaufen Sie ihn dort.
Überprüfen Sie Fonds in Ihrem Depot: Welchen Anlagestilen entsprechen die vorhandenen Fonds?
Manche sind unpassend für Ihre Persönlichkeit.
Manchmal kommen Stile doppelt vor.
Verkaufen Sie Unpassendes und Doppeltes!

Download: Eine stets aktualisierte Liste von Fonds, die zu den beschriebenen Stilen passen, finden Sie unter: www.geldundwissen-ic.de/der-verlag
Rubrik: »Aktuelles«

Money-Burn-Prinzip©

14. Risikoerkennung mit dem Money Burn Prinzip©

Es geht beim Investieren nicht nur um Geldvermehrung.
Reichtum heißt auch: Kein Geld verlieren.
Verluste vermeide ich nur, indem ich zehn Risiken erkenne. Und Risiken sind psychologische Phänomene, die JEDER erkennen kann.

Ich nenne es das
Money-Burn-Prinzip©.

Wenn es im Finanzdschungel knackt, heißt das Gefahr: Nimm Dein Geld und lauf!

14.1 Verständlichkeit

Investieren ist wie ein Sprung in die Tiefe.
Bevor ich springe, überprüfe ich die Verschlüsse der Leine.
Wenn ich sie nicht verstehe, springe ich nicht.

14.2 Herdentrieb

»Muuuuh! Ein Steuersparmodell, Zulagen, Bei-hilfen. Hurra, hier gibt es etwas kostenlos!«
Die Erde bebt, der Weg ist zertrampelt. Bei solchen Modellen entscheiden tausende Steuersparer binnen Wochen, heimlich dem Staat ein Schnippchen zu schlagen, und zack kommen Milliarden EUR ohne Getrampel im Steuerparadies an. Da knicken im Paradies alle Palmen um: Die arme Schiffsindustrie als Steuersparmodell z.B. musste damals so viele Schiffe bauen, die keiner brauchte. Man spart zwar Steuern, aber das Investitionsobjekt wird wegen des Überangebots weniger wert.

14.3   Scheinexklusivität

»Oh, hier ist es aber schick. Und ich werde nur mit Schlips oder hoher Eintrittsgebühr reingelassen.« Sie fühlen sich als Profi, obwohl Sie keine Ahnung haben. Drinnen im Casino oder der Disco sind aber Profis.

Die brauchen einen Deppen mit Schlips, der teuer kauft und billig verkauft.

14.4   Stille Post

»Pssst, ich habe einen tollen Tipp für Dich.« Derjenige, der Ihnen den Tipp gibt, hat ihn selbst vorher schon bekommen und umgesetzt. Falls Sie aber nicht der Zweite sind, sondern der Neunte, kaufen Sie garantiert zu teuer. Glückwunsch.

14.5   Gier!

Dieses Fax lief am 5.7.2011 um 7:00 Uhr in unserem Handelsraum ein:

»Holger, die Übernahme ist durch ... nächste Woche über 5,60 EUR!!!«

Darauf fällt keiner rein?! Oder doch?

4.7. 11:00 Uhr: 500 Stk gehandelt zum Preis von 2,10 EUR

5.7. 12:00 Uhr: 2 Mio Stk gehandelt zu 4,05 EUR

5.7. 17:30 Uhr: 4.37 Mio Stk zu 1,93 EUR

→ 4.37 Mio Deppen & 1! reicher Faxschreiber

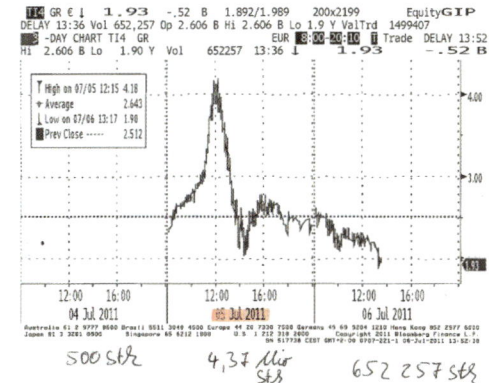

14.6 Auftauchen von Scheinangeboten

In Hochphasen stellen manche mal ein Angebot »zur Probe« rein. Eigentlich wollen die nicht verkaufen, aber sie probieren es halt mit einem Mondpreis. Ein Mondpreis ist, wenn das KGV (Seite 48) mehr als 25 Jahre beträgt. So stand 2007 in Spanien jedes 3. Haus mit schicken Schildern zum Verkauf, weil die Preise zu schön waren, um wahr zu sein.

Heute stehen die Angebote mit Spraydose an der Wand.

14.7 Auftauchen von Häme beim Verkäufer

Erinnern Sie sich an die Marktfrau aus dem vertrauenswürdigen Netzwerktausch (Seite 26)? Würde die Dame sagen »Ätschi Bätschi! Heute sind die Möhren aber schon weg!«, ginge niemand mehr zu ihrem Stand.

Machen Sie mit hämischen Verkäufern keine Geschäfte!

14.8 Erhöhtes Verlustrisiko

Denken Sie an unser Mantra: AGH/PKV Mehrwert Prinzip© ooohhhmmmm

Optionsscheine: Haben ein Laufzeitende. Sie müssen dann verkaufen, sonst werden sie ausgebucht.

Zertifikate: Werden von einer Institution herausgegeben und sind in der Regel nur dort handelbar.

Derivate: Sind kompliziert und haben so beim Wiederverkauf einen beschränkten Abnehmerkreis und waren deshalb bis 1990 für Privatanleger verboten.

Dachfonds: Investieren in Indexfonds und wiederum die in Aktien. Ist kein »Direktinvestment« (anfassbar)

K.O. Scheine: Haben eine Wertschwelle, zu der sie wertlos verfallen können.

Geschlossene Fonds (Immobilien, Flugzeuge, Filme, Schiffe, Aufbau Ost): Kleiner Investorenkreis, Laufzeit, ein Handelspartner.

Aktienanleihe: Bewertungsstichtag, Rückgabeschwelle, Andienungspflicht. Puhh. Nein Danke!

14.9 Der »muffige« Tausch

Der **Markttausch** geht »rucki zucki«. Er findet nur einmal statt über den *Preis*.

Der **Hierarchietausch** dauert länger. Er findet über den *Befehl* statt.
Die Hierachie ist ja eigentlich was Exklusives, weil man sich »nach oben dienen« muss, um anderen zu befehlen. Die Hierarchie ist etwas Starres und Stabiles. Man dient sich mit der Zeit nach oben, wenn man sich an die Regeln hält.

Der **Netzwerktausch** wiederholt sich. Er findet über *Vertrauen* statt.

Alle psychologisch erkennbaren Risiken tauchen in Tauschsituationen des Marktes oder der Hierarchie auf.

Diese sind die dominanten Tauschformen in der Finanzwelt!

Achten Sie stets darauf, einen Netzwerkstausch zu tätigen.
Es ist die beste der 3 Tauschformen.

Oft ist der Netzwerktausch ein Wissenstausch.
Wie bei www.geldundwissen-ic.de
oder dem Youtube Kanal geldundwissen
oder Twitter @geldundwissen

14.10 Schwankung, Angst, Mut

Nur ganz selten liegen die Kurse von Wertpapieren glatt wie die Oberfläche eines stillen Sees.
Angst kommt aus dem Bauch, braucht keine Begründung und verbreitet sich viral (Verkauf).
Mut bedeutet Zuversicht. Mut entsteht im Kopf und braucht eine klare Meinung. Andere müssen überzeugt werden. Das dauert (Kauf).
Deshalb fallen Börsen schneller als sie klettern.

Übung:
Überlegen Sie bitte für jede einzelne Risikosituation, wann sie Ihnen das letzte Mal begegnet ist.

Gold   Bargeld

Immobilien   Anleihen

Aktien / Fonds,
Indexfonds, Sondervermögen

15. Selbständig, souverän und sicher investieren

Die Aktie haben wir im Diamanten als eine dynamische Form der »Wertaufbewahrung« kennengelernt. Ein ziemlicher Widerspruch.

Die Aktie ist eine sehr freie Investition. In Deutschland haben trotzdem 93 % der Geldbesitzer Angst vor Aktien.

Keine andere Investitionsklasse des Investitionsdiamanten© erfüllt soviele »AGH/PKV-Prinzipien«, wie die Aktie. Sie ist die produktivste Investition, mit den realtiv besten Chancen auf Mehrwert im Vergleich zu den anderen fünf Klassen.

WEIL Aktien dynamisch sind und schwanken, bedarf es einer festen Struktur beim Investieren, die wir uns mittels Aktienjahresprognose und Börsenkalender aufbauen wollen.

Sprechen wir das Mantra für die Aktie:

Anfassbar	Das Unternehmen, welches die Aktie repräsentiert, ist anfassbar.
Gültig	Das Unternehmen, welches die Aktie repräsentiert, ist gültig bis zur Übernahme oder bis zur Pleite.
Handelbar	Die Aktie ist ohne Vermittler an einer Börse handelbar.
Produktiv	Das Unternehmen, welches die Aktie repräsentiert ist produktiv. Es erzeugt etwas. Mal mit Gewinn, mal mit Verlust.
Knapp	Bei ca. 90 Mio registrieten Unternehmen global existieren nur ca. 30.000 Aktien weltweit ...
Verständlich	Verständlich: Das Geschäftsmodell vieler Unternehmen ist leicht zu erklären.

15.1 Jahresprognose erstellen

Jeder geht mit guten Vorsätzen ins neue Jahr. Ein Anleger, der mit Struktur anlegt, muss eine Meinung haben, wie die Welt kommendes Jahr aussehen könnte. Er setzt sich am 5. Januar eines Jahres hin und setzt die 5 Eckpfeiler seiner Jahresprognose: Gold, Öl, Anleihen, Aktien, Immobilien.

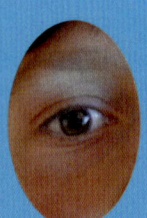

Praxistipp:
Rufen Sie Ihre Bank an und fragen:
- Um wieviel Prozent stieg/fiel das Gold im letzten Jahr?
- Um wieviel Prozent stieg/fiel das Öl im letzten Jahr?
- Wieviel EUR muss ich für 1 EUR Zinsgewinn aus einer Bundesanleihe hinlegen (=KGV)?
- Wieviel EUR muss ich für 1 EUR Gewinn bei einer deutschen Aktie zahlen (=KGV)?
- Wieviel Jahreskaltmieten muss ich einnehmen, um das Haus abzubezahlen (=KGV)?

Dann wissen Sie:
1. Wie sich die Fluchtwährung entwickelt hat (haben die Menschen Angst vor Krieg?)
2. Wie sich der Preis für das Schmiermittel der Wirtschaft entwickelt hat
3. Ob Anleihen teuer/billig sind
4. Ob Aktien teuer/billig sind
5. Ob Immobilien teuer/ billig sind

Vergleichen Sie die KGVs (s. Seite 69). Tragen Sie die Zahlen auf dem Rahmen der Prognose ein und ergänzen es um die Prognose zum Wirtschaftswachstum (BiP).

Übung:
Auf den Rand der kleinen Blasen im Prognose-Rahmen tragen Sie persönliche, politische und gesellschaftliche **Ereignisse** ein, die Einfluss auf die Wirtschaft haben. z. B.
- 2015: Weltweite Krisen, Menschen auf der Flucht (mit Gold?)
- Menschen auf der Flucht (Nachfrage für Wohnraum am Zielort steigt)
- Haben Sie sich über die hohe Stromrechnung geärgert?
- Geht es mir dieses Jahr besser oder schlechter (mehr Konsum?)
- Steigt der Ölpreis, oder bleibt er niedrig?
- Freuen Sie sich auf den Sommerurlaub?
- Trinken Sie zuviel?

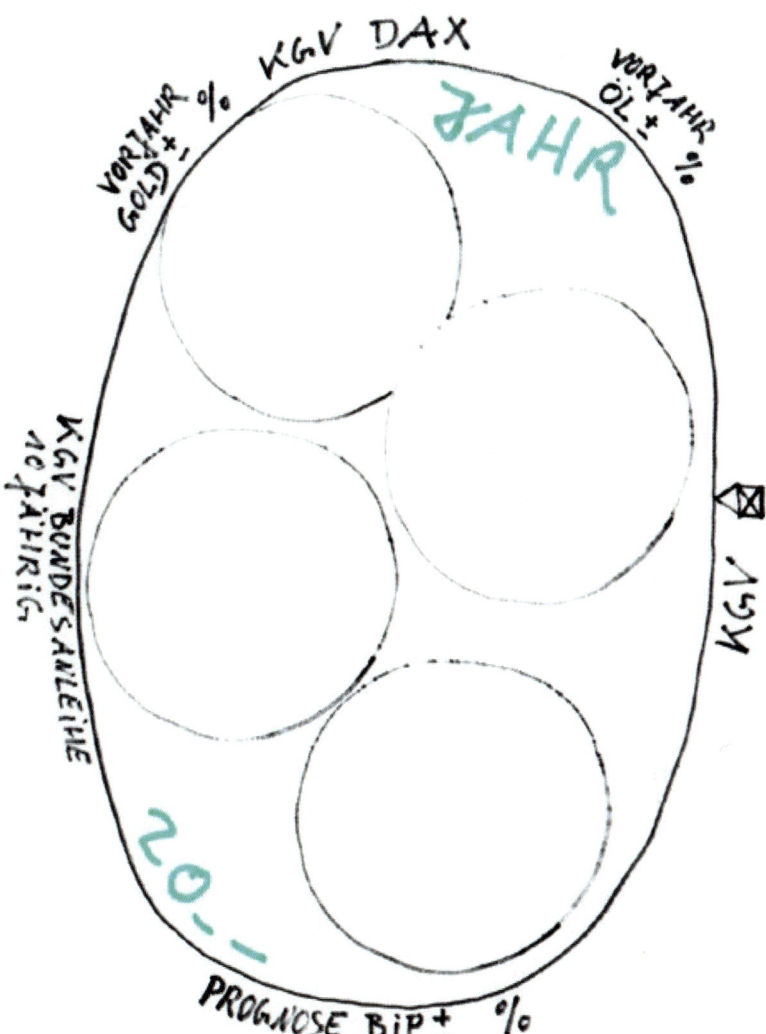

Immer fragen:
Was bewegt die Welt, was davon bewegt mich, welche Branche betrifft
das und als letztes ein Branchen-Unternehmen herauspicken.

Download: www.geldundwissen.de Blog vom 13.5.2016 Bastelanleitung Jahresprognose

So kann **Ihre selbstgemalte Prognose** aussehen:

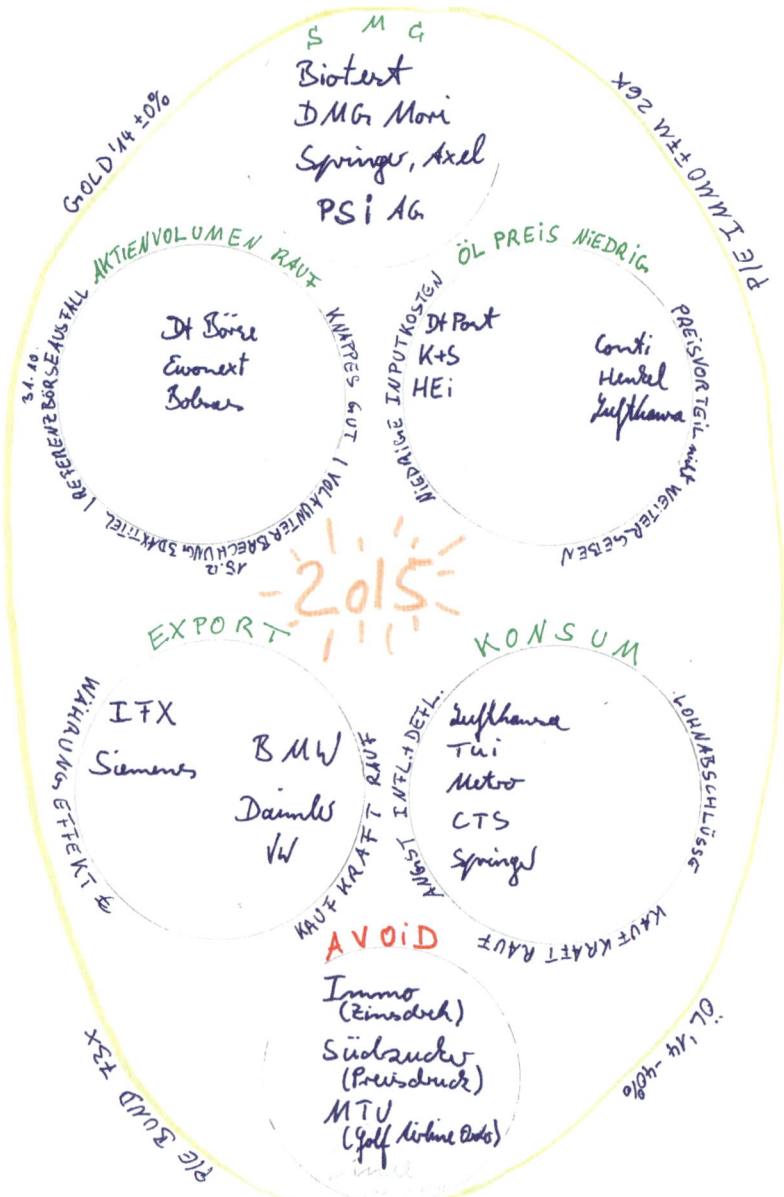

Ausblick 2017

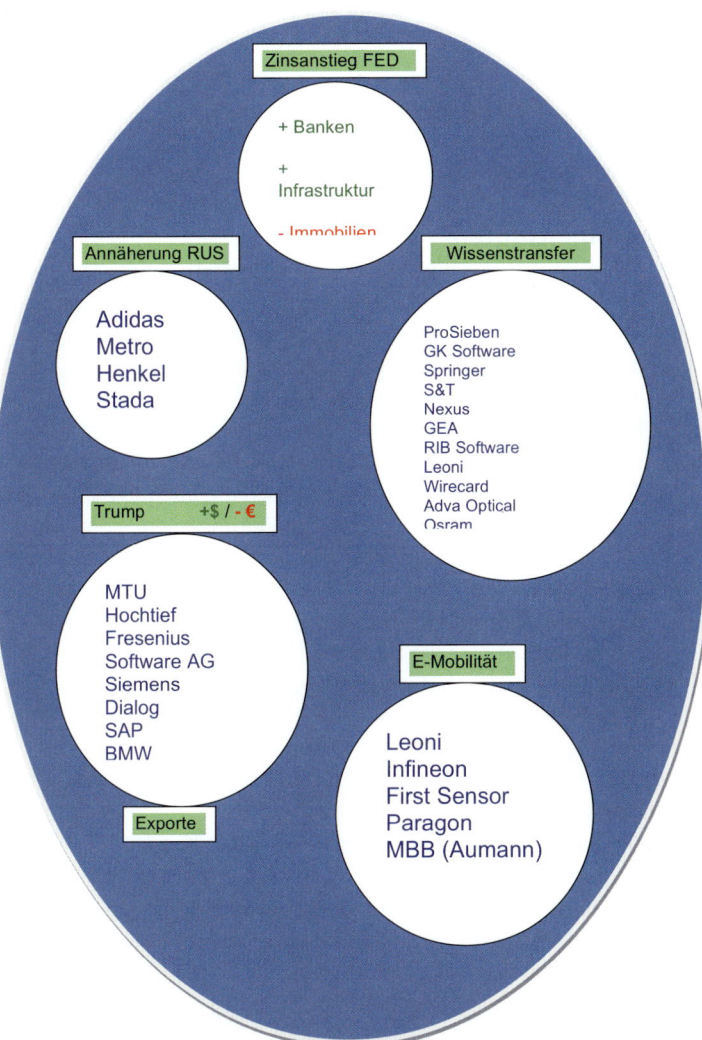

Oder so, wenn Sie es mit dem Computer versuchen.

Download: Jeden November finden sie in meinem Blog eine neue Jahresprognose.

15.2 Mit 19 Webadressen den Börsenkalender bauen

Wenn Sie lernen, sich das globale Börsenjahr in seine festen Bestandteile aufzugliedern, bekommen Sie das Gefühl einer steten Wiederkehr. Dadurch verringert sich Ihre Panik bei Marktturbulenzen und Ihre Fehlinvestitionen nehmen drastisch ab. Wenn Sie Zeit haben und ernsthaft investieren wollen, ist diese Organisationsarbeit unumgänglich. Dieses Gerüst verleiht Ihnen Sicherheit und Überblick.

Wirtschaftsdaten

Unternehmensdaten

- 4x im Jahr gibt es die Quartalsberichterstattung der Unternehmen mit Rück- und Ausblick. Stets auf der Unternehmenshomepage unter »Investor Relation« nachsehen. Diese Unternehmen machen in den USA und Deutschland jedes Quartal den Anfang: www.alcoa.com / www.sap.com
- Hauptversammlungen und Dividende sind meist im Mai/Juni dran. Besuchen Sie diese und machen Sie sich ein Bild vom Führungspersonal. Vermerken Sie sich die Stichtage Ihrer Aktien/ Unternehmen und lesen Sie in der Zeitung nach.

Branchendaten

- Autoverkäufe (monatlich Europa) www.acea.be Besonders interessant ist hier der Ländersplit!
- Autoverkäufe (monatlich USA) www.wardsauto.com
- Maschinenbau (monatlich Japan) http://www.esri.cao.go.jp/en/stat/ juchu/juchu-e.html   Was läuft in Japan!

Branchenvergleich

- Deutschland (monatlicher Konsum) www.gfk.de Kaufen die Deutschen?
- Deutschland (monatliche Industrieproduktion) www.vdma.org Besonders interessant, wie sich einzelne Industriezweige entwickeln
- USA (monatliche Baugenehmigungen) www.census.gov/construction

Übergeordnete Zahlen

- Bruttoinlandsprodukt (BiP)
- GDP (= BiP) USA Wann?
  www.bea.gov/newsreleases/2015rd.htm
  Nehmen Sie die 4 Veröffentlichungstermine »Gross domestic product (advance estimate)«
  www.bea.gov/newsreleases/national/gdp/gdpnewsrelease.htm
  Besonders wird hier dargestellt, welche einzelnen Branchen vergangenes Quartal gut/schlecht waren.
- BiP Deutschland Wann?
  www.destatis.de/DE/ZahlenFakten/GesamtwirtschaftUmwelt/VGR/Veroeffentlichungstermine.html
  www.destatis.de/DE/ZahlenFakten/GesamtwirtschaftUmwelt/VGR/Inlandsprodukt/Inlandsprodukt.html
  Auch hier finden Sie Informationen zu den Entwicklungen einzelner Branchen innerhalb des BiP.

Politikdaten

Zentralbanken

- Federal Reserve USA Wann?
  www.federalreserve.gov/monetarypolicy/fomccalendars.htm Hier entscheidet sich, wie hoch die Zinsen sind. (2000 Uhr MEZ)
- Interpretation am Folgemorgen: www.marketwatch.com
- EZB Europa Wann?
  www.ecb.Europa.eu/events/calendar/mgcgc/html/index.en.html
  Nehmen Sie die »Governing Council« Meetings ins Programm.

Politikereignisse

- G8 Treffen Wann?
  1x im Jahr idR Juni/Juli. Bitte sehen Sie sich die Agenda an, die Einfluss auf Wirtschaftspolitik und Branchen hat.
- Eurogruppen Treffen. Wann?
  www.consilium.Europa.eu/en/meetings/calendar
  Die Finanzminister des Euroraums kommen zusammen.
- Europäischer Rat Treffen. Wann?
  http://www.consilium.Europa.eu/de/meetings/calendar/
  Die Staats- und Regierungschefs der EU kommen zusammen.

So sieht der Kalender aus, wenn Sie die Daten brav eingetragen haben.

Januar	Februar	März	April	Mai	Juni	Juli	August	September	Oktober	November	Dezember
1 Neujahr	1 Mi FED	1 Mi	1 Sa	1 Mutter tag	1 Do	1 Sa	1 Di	1 Fr AL	1 Sonntag	1 Auf FED	1 Fr
2 Mo	2 Do	2 Do	2 Sonntag	2 Di AL	2 Fr AL	2 Sonntag	2 Mi	2 Sa	2 Mo 40	2 Do	2 Sa
3 Di	3 Fr AL	3 Fr	3 Mo	3 Mi FED	3 Sa	3 Mo	3 Do 27	3 So	3 Tag d. Dt. Einheit	3 Fr AL	3 Sonntag
4 Mi	4 Sa	4 Sa	4 Di	4 Do	4 Pfingstsonntag	4 Di	4 Fr AL	4 Mo 36	4 Mi	4 Sa	4 Mo
5 Do	5 Sonntag	5 Sonntag	5 Mi	5 Fr AL	5 Pfingstmontag	5 Mi	5 Sa	5 Di	5 Do	5 Sonntag	5 Di
6 H AL 3 Könige*	6 Mo 6	6 Mo	6 Do 10	6 Sa	6 Di	6 Do 23	6 Sonntag	6 Mi	6 Fr AL	6 Mo 45	6 Mi
7 Sa	7 Di	7 Di	7 Fr AL	7 Sonntag	7 Mi	7 Fr AL	7 Mo 32	7 Do EZB	7 Sa	7 Di	7 Do
8 Sonntag	8 Mi	8 Mi	8 Sa	8 Mo EZB	8 Do EZB	8 Sa	8 Di	8 Fr	8 Sonntag	8 Mi	8 Fr AL
9 Mo ALCOA 2	9 Do EZB	9 Do EZB AL	9 Sonntag	9 Di	9 Fr	9 Sonntag 19	9 Mi	9 Sa	9 Mo ALCOA 41	9 Do	9 Sa
10 Di	10 Fr	10 Fr AL	10 Mo ALCOA 15	10 Mi	10 Sa	10 Mo ALCOA 28	10 Do	10 Sonntag	10 Di	10 Fr	10 Sonntag
11 Mi	11 Sa	11 Sa	11 Di	11 Do	11 Sonntag	11 Di 24	11 Fr	11 Mo 37	11 Mi	11 Sa	11 Mo 50
12 Do	12 Sonntag	12 Sonntag	12 Mi	12 Fr AL EZB	12 Mo EZB	12 Mi	12 Sa	12 Di	12 Do	12 Sonntag	12 Di
13 Fr	13 Mo 7	13 Mo	13 Do 11	13 Sa	13 Di	13 Do	13 Sonntag	13 Mi	13 Fr	13 Mo 46	13 Mi FED
14 Sa	14 Di AM EZB	14 Di	14 Karfreitag	14 Sonntag FED	14 Mi FED	14 Fr	14 Mo 33	14 Do	14 Sa	14 Di AZ EZB	14 Do EZB
15 Sonntag	15 Mi	15 Mi FED	15 Sa	15 Mo	15 Do Fronleichnam*	15 Sa	15 Di Mariä Himmelfahrt*	15 Fr	15 Sonntag	15 Mi	15 Fr
16 Mo	16 Do	16 Do	16 Ostersonntag	16 Di	16 Fr	16 Sonntag 29	16 Mi	16 Sa	16 Mo 42	16 Do	16 Sa
17 Di	17 Fr	17 Fr	17 Ostermontag 16	17 Mi	17 Sa	17 Mo	17 Do	17 Sonntag	17 Di	17 Fr	17 Sonntag
18 Mi	18 Sa	18 Sa	18 Di	18 Do 20	18 Sonntag	18 Di	18 Fr	18 Mo 38	18 Mi	18 Sa	18 Mo 51
19 Do EZB	19 Sonntag	19 Sonntag	19 Mi	19 Fr	19 Mo 25	19 Mi	19 Sa	19 Di SAP	19 Do SAP	19 Sonntag	19 Di
20 Fr	20 Mo 8	20 Mo	20 Do 12	20 Sa	20 Di	20 Do SAP FED	20 Sonntag	20 Mi FED	20 Fr	20 Mo 47	20 Mi
21 Sa	21 Di	21 Di	21 Fr	21 Sonntag	21 Mi 21	21 Fr	21 Mo 34	21 Do	21 Sa	21 Di	21 Do
22 Sonntag	22 Mi	22 Mi	22 Sa	22 Mo	22 Do 22	22 Sa	22 Di	22 Fr	22 Sonntag	22 Buß- u. Bettag*	22 Fr
23 Mo	23 Do 4	23 Do	23 Sonntag	23 Di	23 Fr	23 Sonntag	23 Mi	23 Sa	23 Mo 43	23 Do	23 Sa
24 Di SAP	24 Fr	24 Fr	24 Mo 17	24 Mi	24 Sa	24 Mo	24 Do 30	24 Sonntag	24 Di	24 Fr	24 Sonntag Weihnachten
25 Mi	25 Sa	25 Sa	25 Di SAP	25 Chr. Himmelfahrt*	25 Sonntag	25 Di	25 Fr	25 Mo 39	25 Mi	25 Sa	25 Mo Weihnachten 52
26 Do	26 Sonntag	26 Sonntag	26 Mi	26 Fr	26 Mo 26	26 Mi	26 Sa	26 Di	26 Do EZB	26 Sonntag	26 Di Weihnachten
27 Fr AZ EZB	27 Mo 9	27 Mo EZB	27 Do EZB EZB	27 Sa	27 Di	27 Do EZB	27 Sonntag	27 Mi	27 Fr AZ EZB	27 Mo 48	27 Mi
28 Sa	28 Fastnacht	28 Di	28 Fr AZ EZB	28 Sonntag	28 Mi	28 Fr AZ EZB	28 Mo 35	28 Do	28 Sa	28 Di	28 Do
29 Sonntag		29 Mi	29 Sa	29 Mo	29 Do 22	29 Sa	29 Di	29 Fr	29 Sonntag	29 Mi	29 Fr
30 Mo 5		30 Do	30 Sonntag	30 Di	30 Fr	30 Sonntag	30 Mi	30 Sa	30 Mo 44	30 Do	30 Sa
31 Di		31 Fr		31 Mi		31 Mo	31 Do		31 Reformationstag		31 Sonntag

Download: Jeden Dezember finden Sie im Blog einen »frischen« Kalender

Checkliste: Finanzmarkt-Endlosschleife

Übung:
Finden Sie die Platzhalter im Kalender und untersuchen Sie, nach welchem Muster diese im Verlauf des Börsenjahres auftauchen.

	Platzhalter im Kalender	Wochentag	Wievielter Wochentag des Monats	Datum des Tages	Alle wieviel Monate?	Wiederkehrende Muster zu erkennen?
BruttoinlandsProdukt Deutschland (=Wirtschaftswachstum)	DQ 1-4					
Gross Domestic Product USA (=Wirtschaftswachstum)	USQ 1-4					
Zinsentscheidung Europäische Zentralbank (= Kredite teuer/billig)	EZB					
Zinsentscheidung USA Zentralbank (=Kredite teuer oder billig)	FED					
Arbeitslosenquote Deutschl. (5 % = viel Arbeit, 8 % = wenig Arbeitsplätze)	AL 1-12					
Unternehmen Bilanz- und Geschäftslagebericht Deutschland	SAP					
Unternehmen Bilanz- und Geschäftslagebericht USA	Alcoa					
Europäischer Rat (Alle Regierungschefs der EU Treffen)	EU Rat					
www.finanztherapie.de blog 20.3.2016 Du bist so link						

Download: www.geldundwissen.de Blog vom 20.10.2016 Selbstausfüller Finanzmarkt Endlosschleife

Ergo: Sie stellen fest, dass Wirtschaft, Politik und Psychologie zu festen Daten stattfindet. Es gibt gar keine "Dynamik der Finanzmärkte"!
Ihre Investitionen unterliegen einer steten Wiederkehr.
Und das muss Sie beim Investieren beruhigen!

Psychologiedaten

Wirtschaftliche Entwicklung
Des Weiteren glauben 28%, dass es konjunkturell eher aufwärtsgeht, 53% rechnen mit keinen größeren Veränderungen in der nächsten Zeit, 17% befürchten einen negativen Trend.

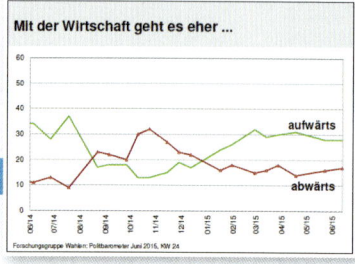

Es geht nicht nur um Fakten, sondern es menschelt auch am Kapitalmarkt.
Wie sind die **Menschen**/Konsumenten so drauf?
Sie erhalten den besten Überblick über Deutschland für nur 15 EUR/Jahr!

bestellung@forschungsgruppe.de

Unabhängiges Fachchinesisch: Der Monatsbericht der Bundesbank!

https://www.bundesbank.de/Navigation/DE/Publikationen/Berichte/Monatsberichte/monatsberichte.html

Tägliche unabhängige Börsenberichterstattung: Die ARD Börsenseite ohne lästige Angebote für Online-Handel oder Turbozertifikate

http://boerse.ard.de/marktberichte/index.html

Für **Liebhaber des Taschenrechners** eignet sich die Kolumne von Volker Looman jeden Samstag in der BILD Zeitung. Dort rechnet er verschiedene Investitionsmöglichkeiten gegeneinander auf. Sehr lesenswert.

Für **Ausflügler** lohnen sich die »Börsentage«. Eine kostenlose Anlegermesse in ganz Deutschland auf hohem Niveau.

Termine: www.die-boersentage.de

15.3   Augen auf! Eigene Aktienideen finden

Woher weiß der Aktienprofi, welche Aktien er kaufen oder verkaufen soll?
Morgens steht der Börsenprofi auf und fährt mit gedämpfter Musik von Bach die Autobahn entlang.
Pünktlich um 7:00 Uhr rollt sein Wagen in die, auch im Winter mollig warme, Tiefgarage.

Im Aufzug gleitet er zu seiner Arbeitsstelle und springt hinein in die dynamische Finanzwelt: Er analysiert solange Bilanzzahlen, bis er die richtige Aktie empfehlen kann.
Das ist realitätsfern.
Hier ist Ihr Riesenvorteil gegenüber dem Börsenprofi: Sie leben in der Realität, wo echte Wirtschaft und Gesellschaft passiert.
Dort passieren auch die besten Aktienideen.
Auf der Strasse.

Vor der Schule:
Ich sehe Kinder in H&M Klamotten rumlaufen. Schüler spielen auf Computern Ballerspiele von Activision oder Blizzard. Die **3D Filme** von Disney schlagen ein wie Granaten. Kinder sind gierige (schnüff) und stets nachwachsende Konsumenten. Und alle oben genannten Namen sind Aktien. Ist doch einfach, oder?

In der Kantine:
Ein Kollege erzählt, dass es bei Firma xy ziemlich schief läuft aktuell. Aha. Schauen sie nach, ob es sich um eine Aktie handelt.

In der U-Bahn:
Ich sehe, dass immer mehr Menschen zur Arbeit pendeln und in den Metropolen leben. Ich gehe ins Internet und suche Hersteller von Pendlerzügen.

Auf einer Ortsbeiratssitzung:

Das Planfeststellungsverfahren für eine Bahntrasse wird besprochen. Meinen Sie nicht, der Anbieter baut noch mehr Strecken? Ist das Bauunternehmen eine Aktie? Sehen Sie nach.

Unterschätzen Sie nicht Ihr Alltagswissen und die Nähe, die Sie zu gewissen Dingen haben. Ihre Beobachtungen aus dem Alltag sind mindestens genauso viel wert, wie eine gründliche Zahlenanalyse!

Beim Fernsehen:

Es gibt eine Pro Sieben Aktie und es geschehen wichtige Veränderungen bei Pro 7. Wenn der Hauptmoderator eines Fernsehsenders aufhört, sinken die Einschaltquoten, zahlen die Werber weniger. Wenn es dann noch eine Aktie davon gibt, liegt die Vermutung nahe, diese besser zu verkaufen, oder?! Wie werden Sie entscheiden?

Auf Ihrer Kellertreppe:

Alle wollten mal wissen, ob nun die Aktie von Adidas oder Nike besser sei. Da hat sich eine ganze Schar von Analysten einen Wolf dran gerechnet. Der Blick auf die eigene Kellertreppe sagt 7:1 für Nike. Das hätte als Empfehlung gereicht.

An der Bushaltestelle:

»Meine Kinder sind wie vernagelt. Gucken nur noch auf diese Mattscheiben und reden nicht mehr mit uns.«

Anstatt zu verzweifeln – machen Sie Geld daraus!

Was ist denn aktuell das beliebteste Modell bei der Jungschar? Sprechen Sie wieder mit Ihren Kindern und suchen sich eine Aktie von Samsung, LG, Nokia (haha) oder Apple raus.

An der Tanke:

»Mann, ist Benzin billig geworden« Dann fallen auch die Gewinne der Ölaktien. Also bei steigenden Benzinpreisen nicht ärgern, sondern Ölaktien kaufen.

Im Freibad:

»Mann, sind die alle fett hier!«. Nicht nur dort. Weltweit! Später folgt Diabetes. Also machen Dialyse und Medikamentehersteller mehr Gewinn. Deren Aktie kaufe ich.

Tal der Tränen:

»Papi, das Internet ist kaputt« Wen rufe ich an, damit er es wieder repariert? Den Inhaber der Datenautobahn. Die Telekom. Die muss Gewinne machen, wenn das Produkt so wichtig für den Familienfrieden ist.

Alltagsweisheit: Der Lotse geht von Bord

Wann immer ein langjähriger Firmenlenker überraschend von Bord geht, finden sich zahllose Begründungen, weshalb er das tut.
Ein Lotse hat meist eine Vorahnung. Selbst, wenn die nicht eintrifft, müssen sich die Strukturen der Firma neu finden.
Die Aufmerksamkeit eines Unternehmens richtet sich nach innen. Verkaufen Sie die Aktie lieber.

Beichte:

Wenn Unternehmen eine überraschende Mitteilung (ad hoc) am Freitagnachmittag bekanntgeben, sind es zu 75 % schlechte Nachrichten. Das ist wie bei Kindern, die eine schlechte Note auch erst kurz vorm Wochenende beichten.

Im Fitnessstudio:

»Das Tatoo macht mich ganz unkonzentriert«. Und in 20 Jahren? Wer lasert es weg? Es gibt in Italien und in Deutschland ein Laserhersteller für Tatooentfernung. Dessen Aktie kaufe ich jetzt schon mal.

Mattscheibenkind

»Was glotzt Du im Bett in dieses Handy?«, »Ich schaue meine Serie!« Stimmt, um heutzutage die Menschen richtig abhängig zu machen brauchst Du Serien. Von diesen Drogenserienherstellern gibt es 4 Aktien. Eine davon sogar in Deutschland. Oder einen Spielehersteller.

Alles auf Pump

»Nachbar Müller hat wieder eine neue Karre. Ist eh nur geleast. Wenn die Zinsen drehen, schwimmt der Müller mit dem Bauch nach oben«. Verkaufen Sie Aktien von Unternehmen mit hohen Schulden. (s. Seite 69 Schulden zu FCF) Denen geht es beim Zinsdreh wie dem Müller.

Im März

»Toll, unsere Strom und Gasrechnung ist niedriger, weil die Preise gefallen sind« Schön für Sie. Der Stromversorger verdient weniger. Verkaufen Sie dessen Aktie.

Wrestling?

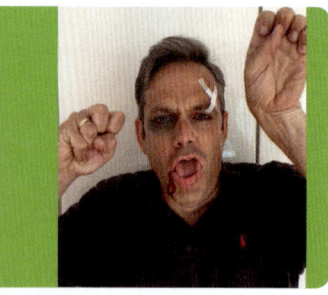

Als Kind Bud Spencer geschaut. Heute hauen sich grässliche Muskelprotze mit Schminke beim Show-Ringen künstlich auf die Fresse. Im Fernsehen, in Fußballstadien rund um den Globus, als Computerspiel und mit Sammelkarten. Wieso ist mein Sohn so ein Schwachkopf und schaut das?! HALT! Dieses Schauringen gibt es seit 20 Jahren. Es ist ein Megageschäft, die jugendlichen Fans wachsen stets nach und es gibt den Showbetreiber vielleicht als Aktie.

Viele Profijäger (Fondsmanager) leben außerhalb des Alltags. Umgeben von Zahlen und Bilanzen.
»Auf der Straße« sind Sie den Finanzprofis IMMER einen Schritt voraus.

15.4 Aktienidee begründen

Im Folgenden finden Sie einige vom Autor in der Vergangenheit ausgearbeitete Aktienideen. Sie sollen als Beispiel dienen.

- Der **»Case«** zeigt die Gedanken, mit denen ich die Idee fand.
- Die **»Valuation«** ist das Abklopfen der Bewertung, um nicht zu teuer für eine Aktie zu bezahlen.
- Der **»Outcome«** ist die phantasievolle Ausschmückung, wie das Unternehmen die Zukunft meistern wird.

Für Denkfaule gibt's hier Ideen:
http://finanzforum.geldundwissen.de/geldundwissen/category/blog/
http://finanztherapie.com/ „ich denke in Aktien!"

Case 1

Die Deutsche Börse ist eine Daten-Autobahn, auf deren Software Straße, Handelsaufträge hin- und herdüsen. Verlässlich und schnell.

Valuation

2015: KGV 17x, FCF 700Mio, PBV 3,8x, Ebit 1Mrd, EV/IC 4,2x, ROCE/WACC 2,4x, Dividendenrendite 3 %. Schulden 400Mio. Die Kosten fallen kontinuierlich seit 10 Jahren Marktkapitalisierung 13Mrd

Extra

Die »über Nacht« Gelder, die die Handelsteilnehmer bei der Deutschen Börse liegen haben, summieren sich auf 9Mrd EUR. Würden die Zinsen steigen, erhielte die Börse hohe Parkgebühren.

Outcome

Viele ärgern sich über den Hochfrequenzhandel. Dadurch entstehen Marktverwerfungen. 40 % vom Umsatz macht das bei der Börse aus, aber nur 8 % vom Gewinn. So eine Abteilung müsste eigentlich geschlossen werden. Die Deutsche Börse ist ein Leuchtturm.

Es gibt viele neue Computerhandelsplattformen, doch wann immer die »Heimatbörsen« in Deutschland, Norwegen, Spanien oder Italien ausfielen, kam der Handel auch auf den Computerbörsen zum Erliegen.

Heimatbörsen sind der Wirt, Computerbörsen Parasiten (Biologie Unterricht). Heimatbörsen sollten aufhören, sie zu ernähren und höhere Handelsgebühren erheben ...

Dann ist eine Börse wie ein Autobahnnetz und verlangt am Mauthäuschen Durchfahrts- (Handels)gebühren.

Case 2

Continental AG ist ein Ingenieur. Der erfindet was. Die Regulierung wird immer strenger, weshalb die Autohersteller erfinderisch bleiben müssen: Niedrige CO2 Emissionen, mehr Fahrsicherheit, niedrigeres Karosseriegewicht. Audi will z.B. 8Mrd in die Forschung und Entwicklung stecken. Später werden diese Standards auch in Mittelklassewagen verbaut. Continental ist für die meisten Autohersteller der Zulieferer der ersten Wahl und «neue Hersteller" wie Tesla, Apple, Google kommen hinzu.

Valuation

2015: KGV 15x, FCF 1.6Mrd, PBV 3,7x, Ebit 4,3Mrd, EV/IC 2.58x, ROCE/WACC 1,69x, DivRendite 1.8 %, Gearing 57 %, Schulden 6Mrd. Marktkapitalisierung 41Mrd

Extra

Continental hat einen Großaktionär namens Schaeffler, dessen Übernahmeversuch in der Krise 2008 stattfand. Heute hält Schäffler 46 % der Conti Aktien, mit einem Durchschnittskaufpreis von 70 EUR. Durch die Übernahme hat Schaeffler z.B. 5Mrd Schulden, die sie zu einem Zinsdienst von 750 Mio EUR pro Jahr zwingt.

Outcome

Conti wird zu Gunsten des Großaktionärs handeln, sprich die Dividende ist auskömmlich, damit Schaeffler die Schulden bedienen kann. Müsste Schaeffler morgen die Schulden begleichen, könnten sie weitere Conti Aktien verkaufen. Ein einfacher Dreisatz genügt hier: Beim Verkauf von 15 % der Conti Aktien ließe sich ab 175 EUR je Aktie der Schuldenberg von 5 Mrd zurückzahlen.

Also liegt die Vermutung nahe, dass sich der Kurs in Zukunft dort hinbewegen könnte.

Gleichzeitig hat Conti ein Gummireifengeschäft.

Und weil Gummireifen aus Öl bestehen und Öl total billig ist, verdient Conti mit den Reifen mehr Geld.

Case 3

Apropos Ölpreis: Lufthansa hat sehr hohe Fixkosten. Das sind Kosten, die immer entstehen, egal ob die Flieger voll oder leer sind. Und es gibt einen festen Flugplan, d.h. die Flieger fliegen immer. Kann man nicht ausfallen lassen.

Deshalb hat Lufthansa alle Flieger mit schmaleren Sitzen ausgestattet, um mehr Passagiere in die Zigarre zu stopfen. Dann hat LHA die IT erneuert. Soweit so gut. Nur die Piloten, die 10 % der Belegschaft ausmachen und 30 % der Kosten, die wollen weiter schöne Pensionen haben, wenn Sie mit 55 Jahren in den Ruhestand gehen.

Der neue CEO ist ein ex-Pilot und versucht nun diesen Kostenblock zu reduzieren gegen den Widerstand der Gewerkschaft Cockpit. Immerhin hilft ein neues Gesetz, welches die Macht der Kleingewerkschaften einschränkt.

Valuation

2015: KGV 6,5x, FCF normalisiert gibt es leider nicht, PBV 1.2x, Ebit 1.5Mrd EV/IC 0,7x, ROCE/WACC 0,6x, DivRendite 2.7 %, Debt 2.5Mrd + 6Mrd Pensionszusagen Marktkapitalisierung 6.2Mrd.

Outcome

400 Flieger. 80 davon sollen zum Discounter.

Eigentlich hat die Lufthansa es gut: Bei jährlich 6.5Mrd EUR Kerosinkosten und einem fallenden Ölpreis, sprudeln die Gewinne automatisch. Weil aber der jahrelange Streik über der Aktie hängt, mögen die Anleger die Aktie nicht mehr so gerne und bezahlen nur noch 6,5 EUR für einen EUR Gewinn. Ginge der Streik zu Ende, WÄRE die Lufthansa eine dufte Aktie.

Übung:

Wann ist Ihnen das letzte Mal draußen vor der Tür etwas aufgefallen, das sich systematisch zu einer Investmentidee verarbeiten ließe?

Vergessen Sie, dass andere mehr wissen. Um von den schlechten Empfehlungen anderer unabhängig zu werden, empfehlen Sie sich selbst etwas. Fangen sie KLEIN an. Finden Sie Gefallen am selbst »Schnüffeln«. Um Erfahrung mit sich selbst und Ihrer Beobachtungsgabe zu sammeln, geben Sie sich eine 2-3 jährige Lernphase.

Vertrauen Sie sich selbst!

16.   Die Finanzhausaufgaben

16.1 Finanzen selbst regeln

Sie können die Zukunft nicht berechnen. Deshalb versuchen wir nur eine Bestandsaufnahme zu machen. Wir prüfen einfach, inwieweit Ihre aktuelle Finanzsituation mit Ihrem Wunschzustand übereinstimmt.

Sie kennen alle Investitionsmöglichkeiten und wissen, welcher Menschentyp Sie sind. Das reicht schon.

16.2 Wer möchte ich sein?

Selbstwissen zu Papier bringen

- Denken Sie einfach 30 Minuten über sich selbst nach und füllen Sie den Geld und Wissen Finanzfragebogen© Typ 3 in Ruhe und alleine aus.
- Legen Sie den Bogen zwei Tage bei Seite und lesen Sie ihn erneut.
- Nehmen Sie Änderungen vor, falls nötig.

Praxistipp:

Für alle Finanzhausaufgaben gilt die einfache Regel:

- Schulden tilgen, weil, das ist das Teuerste.
- Risiken absichern.
- Eigenheim finanzieren.
- Geld für Ausbildung ausgeben.

Erst DANACH beginnt das Sparen und das Investieren.

Erfassungsbogen – Typ 3 // Ganzheitliche Persönlichkeit. Strategisch.

Ausbildung	RELEVANZ Für INVESTMENTFELDER
Schule	
Hochschule	
Ausbildung	
Lieblingsfächer	
Begabung	

Beruf	
Welcher Beruf	
Arbeitgeber	
Daten	
Arbeitszufriedenheit	
Umgang mit Kollegen	
Stellenwert derArbeit	

Familie	
Alter	
Herkunftsfamilie	
Eltern	
Geschwister	
EigeneFamilie	
Ehefrau	
Kinder	
Erwartungen der Familie (Optional)	
Erziehungsstil (Optional)	
Zusammenhalt in der Familie (Optional)	

Gesundheit	
Körper	
Geist	

SozialeKontakte	
Freundeskreis	
Freizeitaktivitäten	
Verein	
Kultur	
Sport	
Spielverhalten	
Hobbys	
Vorbilder	
Sozialverhalten	
Bekannte	
Mitgliedschaften	
Urlaubsziele	

Partnerschaft (Optional)	
Alter des Partners	
Informationen zum Partner	
Alleinstehend	
Gründe	
Einstellung zum Alleinsein	

Innere Lebensgeschichte	
Lebensmotivation	
Leitbilder	
Zukunftserwartung	

Download: www.geldundwissen.de Blog vom 18.11.2016 Fragebogen Typ 3

Ausgehend von den Werken der Psychologen C. G. Jung, Alfred Adler und Sigmund Freud kann von diesen 10 menschlichen Grundtypen ausgegangen werden: Welcher Typ sind Sie? Bitte kringeln Sie Ihren Menschentyp ein.

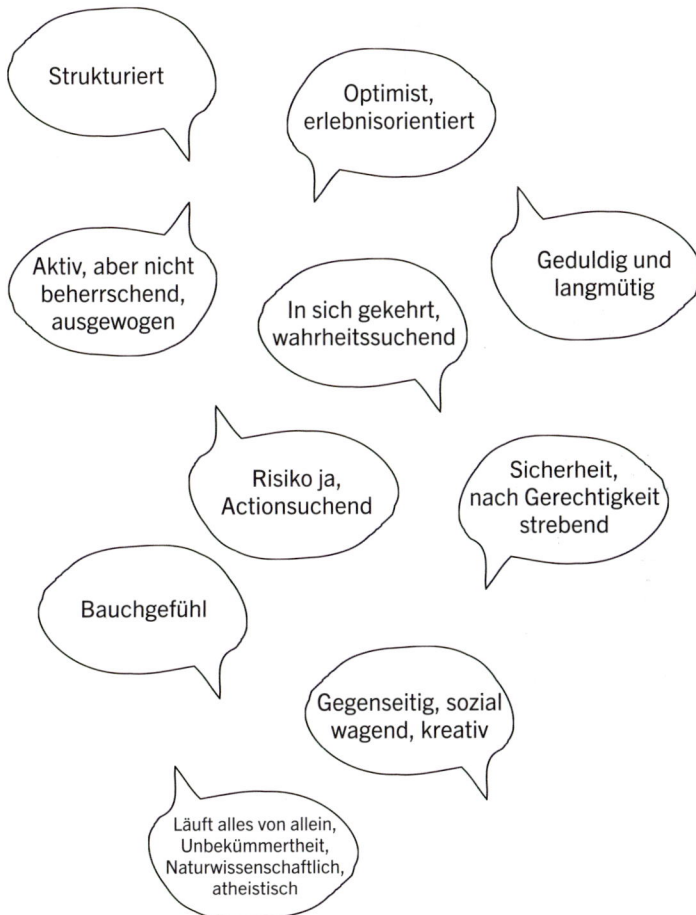

Das Buch hat Ihnen alle relevanten Investitionklassen beigebracht.
Sie haben nun die Kompetenz, frei zu entscheiden, wie Sie Ihr Geld selbst
gewichten würden. Erstellen Sie spontan Ihren finanziellen Wunsch-Zu-
stand.
Sie erinnern sich an die Fondsauswahl? Arbeiten sie intuitiv.
Welcher Typ sind sie?
Wieviel will dieser Typ in Gold, Bargeld, Immobilien, Anleihen, Aktien oder
in Fonds investieren?
Schreiben sie die % Zahlen neben die Stücke.

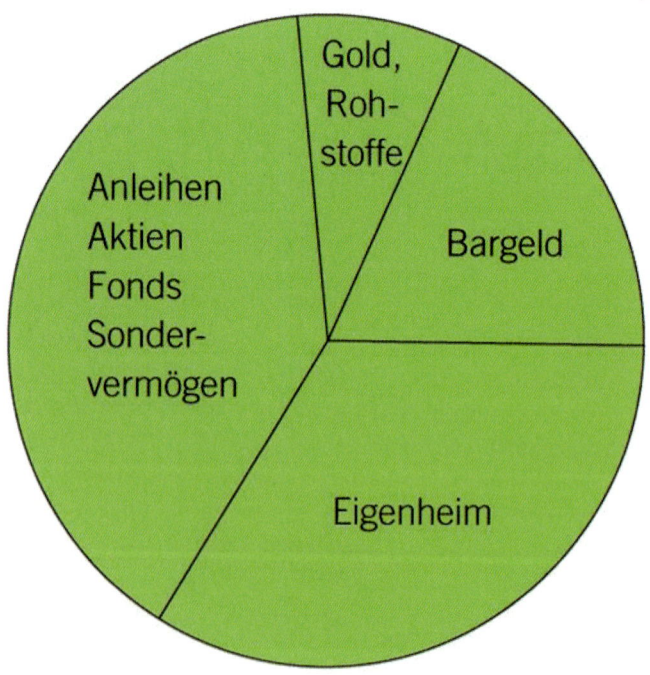

16.3 Wer BIN ich?

Erfassungsbogen – Typ 2 // Mittelfristig

Tragen Sie hier Ihre Vermögenswerte und Verpflichtungen ein. Nur 1) ist Plus+. Der Rest ist leider Minus-, weil der Ertrag in ferner Zukunft liegt.

1) Tägliche Liquidität:
Sind EC Karte, Kreditkarte, Dispokredit, Girokonten, Depots, Kredite, mind. zwei Bankverbindungen vorhanden (öffentlich-rechtlich, genossenschaftlich, privat)?

_____
_____
_____
_____

2) Absicherung gegenüber Risiken:
Sind Versicherungen im Falle von Tod, Unfall, Berufsunfähigkeit (BU), Haftpflicht, Pflegeversicherung oder Krankentagegeld vorhanden? Krankheit: Sind Sie privat versichert oder Kasse?

_____
_____
_____
_____

3) Schulden:

Kredite:	Höhe:	Laufzeit:
Hypothek:	Höhe:	Laufzeit:
Ratenfinanzierung:	Höhe:	Laufzeit:
Sonstige Verbindlichkeiten:		

4) Vermögenssituation:

Bausparvertrag
Kapitallebensversicherung
Fondssparplan
Höhe Rentenanspruch

5) Altersvorsorge:
Sind Betriebsrente und/oder staatliche Rente, Riesterrente, Rüruprente, Fondssparen, eigene Immobilie, Innungskasse vorhanden? ODER: Aktien, Anleihen, Währungen, Gold?

_____
_____
_____
_____

6) Leben

Investieren
Sparen
Ausbildung
Immobilie
Risiken

Checkliste Finanzhausaufgaben

Tragen Sie nun die Zahlen aus dem Erfassungsbogen Typ 2 je nach Nummer in die Checkliste ein. Erst wenn Sie 1-5 zusammenrechnen und ein Plus bleibt, haben Sie etwas zum Investieren übrig. Sie können natürlich auch bei 2-5 was rausschmeißen, um Platz für 6 zu haben.

	Plus	Minus		% vom Gesamt- vermögen
Liquidität 1	x			
Risikoabsicherung 2 Versicherungen		x		
Schulden 3 Kredite Ratenfinanzierung		x		
Hypotheken 3		x		
∑ Summe kurzfristiges Vermögen 1-2-3= ∑			Nur bei Grün an 4+ 5 + 6 denken	
Vermögensaufbau (sparen) 4 + 5: Bausparer Kapitalleben Rürup Riester Betriebsrente Betriebliche Altersvorsorge Fondssparplan		x	4+5 sind zusätzliche Minus. Den Gegen- wert gibt es erst in der Zukunft. Wer den Vertrag voher kündigt, erhält weniger als das Eingezahlte	% (1-5)
Investieren 6: Aktien Anleihen Fonds Gold Wert abgezahltes Haus Rentenanspruch				% % % % % ∑ 100%

Verkaufen Sie unliebsames und kaufen Sie Fehlendes bei Ihrer Bank. So nähern Sie sich dem gesunden Finanzzustand von Seite 112 an!

Geld hat Sie angekotzt?

DAMIT IST ES NUN VORBEI!

Finanzielles Wohlbefinden ohne abgeleitete Produkte ist ganz einfach.

16.4 Die beste Investition

Kurz vor ihrem Tod bedauern die Menschen folgende fünf Dinge nicht getan zu haben. Auffällig dabei ist, dass kein »geldlicher« Wunsch dabei ist. Die größten Werte scheinen nämlich unentgeltlich zu sein. Und es sind alles Wünsche, die mit dem Netzwerktausch und der Zeit zu tun haben:

1. Ich hätte die Dinge tun sollen, die ich mir gewünscht habe. (Selbstverwirklichung)
2. Ich hätte weniger arbeiten sollen. (Freizeit)
3. Ich hätte meine Gefühle stärker ausdrücken sollen. (Liebe)
4. Ich hätte engeren Kontakt zu meiner Familie halten sollen. (Familie)
5. Ich hätte meine Freundschaften besser pflegen sollen. (Freunde)

Quelle: Bonnie Ward: »5 Dinge«, 2013

Die aufgezählten Dinge basieren weder auf Befehl, noch auf Preis. Sie basieren auf Familie, Kindern, Freunden, Bekannten, Kollegen oder Sportsfreunden, also dem Netzwerk.

AGH/PKV? Die Zeit! Eine Woche hat nur 168 Stunden! Nichts ist so produktiv und knapp wie die Zeit: Arbeiten, Pendeln, Schlafen, Essen, Nixtun. Vielleicht bleiben vier Stunden übrig (18 %). Mit jemanden Zeit zu teilen, zeigt dem Gegenüber, dass man bereit ist, ein knappes Gut in ihn zu »investieren«.

Auch wirtschaftlich macht die Investition total Sinn:
Mit anderen Menschen Zeit zu verbringen, ist eine gute Investition. Verbringe ich gemeinsame Zeit oder tue etwas Gutes, entsteht Vertrauen. Ich kann netzwerklich tauschen, weil andere mich mögen. Der Tausch zu höheren Preisen und ohne Befehl wird möglich.

In Bioläden zahlen Menschen auch höhere Preise, dafür dass man sich mit den »Produkten« Zeit lässt.

Konzernbilanz des SAP-Konzerns zum 31. Dezember des jeweiligen Geschäftsjahres

Mio. €	Textziffer	2016	2015
Verbindlichkeiten aus Lieferungen und Leistungen und sonstige Verbindlichkeiten	(17)	1.281	1.088
Tatsächliche Steuerschulden		316	230
Finanzielle Verbindlichkeiten	(17)	1.813	841
Sonstige nicht finanzielle Verbindlichkeiten	(17)	3.699	3.407
Rückstellungen	(18)	183	299
Passive Rechnungsabgrenzungsposten	(19)	2.383	2.001
Summe kurzfristiger Schulden		**9.674**	**7.867**
Verbindlichkeiten aus Lieferungen und Leistungen und sonstige Verbindlichkeiten	(17)	127	81
Tatsächliche Steuerschulden		365	402
Finanzielle Verbindlichkeiten	(17)	6.481	8.681
Sonstige nicht finanzielle Verbindlichkeiten	(17)	461	331
Rückstellungen	(18)	217	180
Latente Steuerschulden	(10)	411	448
Passive Rechnungsabgrenzungsposten	(19)	143	106
Summe langfristiger Schulden		**8.205**	**10.228**
Summe Schulden		**17.880**	**18.095**
Gezeichnetes Kapital		1.229	1.229
Agien		599	558
Gewinnrücklagen		22.302	20.044
Sonstige Eigenkapitalbestandteile		3.346	2.561
Eigene Anteile		−1.099	−1.124
Eigenkapital, das den Eigentümern des Mutterunternehmens zuzurechnen ist		**26.376**	**23.267**
Nicht beherrschende Anteile		**21**	**28**
Summe Eigenkapital	(20)	**26.397**	**23.295**
Summe Eigenkapital und Schulden		**44.277**	**41.390**

Der nachfolgende Konzernanhang ist integraler Bestandteil des Konzernabschlusses

Quelle: Wertsteigerung durch Innovation. SAP Integrierter Bericht 2016

Gewinn- und Verlustrechnung (GuV)

Konzern-Gewinn- und Verlustrechnung des SAP-Konzerns für die jeweiligen Geschäftsjahre

Mio. €, falls nicht anders bezeichnet	Textziffer	2016	2015	2014
Cloud-Subskriptionen und -Support		2.993	2.286	1.087
Softwarelizenzen		4.860	4.835	4.399
Softwaresupport		10.571	10.093	8.829
Softwarelizenzen und -Support		15.431	14.928	13.228
Cloud und Software		**18.424**	**17.214**	**14.315**
Services		**3.638**	**3.579**	**3.245**
Umsatzerlöse	(5)	**22.062**	**20.793**	**17.560**
Cloud-Subskriptions- und -Supportkosten		−1.313	−1.022	−481
Softwarelizenz- und -Supportkosten		−2.182	−2.291	−2.076
Cloud- und Softwarekosten		−3.495	−3.313	−2.557
Servicekosten		−3.089	−2.932	−2.426
Umsatzkosten		**−6.583**	**−6.245**	**−4.983**
Bruttogewinn		**15.479**	**14.548**	**12.578**
Forschungs- und Entwicklungskosten		−3.044	−2.845	−2.331
Vertriebs- und Marketingkosten		−6.265	−5.782	−4.593
Allgemeine Verwaltungskosten		−1.005	−1.048	−892
Restrukturierungskosten	(6)	−28	−621	−126
TomorrowNow- und Versata-Rechtsstreit	(23)	0	0	−309
Sonstige betriebliche Aufwendungen und Erträge, netto		−3	1	4
Operative Aufwendungen		**−16.928**	**−16.541**	**−13.230**
Betriebsergebnis		**5.135**	**4.252**	**4.331**
Sonstige Aufwendungen und Erträge, netto	(8)	**−234**	**−256**	**49**
Finanzierungserträge		230	241	127
Finanzierungsaufwendungen		−268	−246	−152
Finanzergebnis, netto	(9)	**−38**	**−5**	**−25**
Gewinn vor Steuern		**4.863**	**3.991**	**4.355**
Ertragsteueraufwand TomorrowNow- und Versata-Rechtsstreit		0	0	86
Sonstiger Ertragsteueraufwand		−1.229	−935	−1.161
Ertragsteueraufwand	(10)	−1.229	−935	−1.075
Gewinn nach Steuern		**3.634**	**3.056**	**3.280**
den Eigentümern des Mutterunternehmens zuzurechnen		3.646	3.064	3.280
den nicht beherrschenden Anteilen zuzurechnen		−13	−8	0
Ergebnis je Aktie, unverwässert (in €)	(11)	**3,04**	**2,56**	**2,75**
Ergebnis je Aktie, verwässert (in €)	(11)	**3,04**	**2,56**	**2,74**

Der nachfolgende Konzernanhang ist integraler Bestandteil des Konzernabschlusses.

Quelle: Wertsteigerung durch Innovation. SAP Integrierter Bericht 2016

Bargeldflussrechnung (GFr)

Konzern-Kapitalflussrechnung des SAP-Konzerns für die jeweiligen Geschäftsjahre

Mio. €	Textziffer	2016	2015	2014
Gewinn nach Steuern		**3.634**	3.056	3.280
Anpassungen bei der Überleitung vom Gewinn nach Steuern auf die Cashflows aus betrieblichen Tätigkeiten:				
Abschreibungen	(15)	1.268	1.289	1.010
Ertragsteueraufwand	(10)	1.229	935	1.075
Finanzergebnis, netto	(9)	38	5	25
Erhöhung/Minderung der Wertberichtigungen auf Forderungen aus Lieferungen und Leistungen		51	45	47
Andere Anpassungen für zahlungsunwirksame Posten		39	−2	70
Erhöhung/Minderung der Forderungen aus Lieferungen und Leistungen und sonstigen Forderungen		−675	−844	−286
Erhöhung/Minderung sonstiger Vermögenswerte		−248	−313	−329
Erhöhung/Minderung von Verbindlichkeiten aus Lieferungen und Leistungen, Rückstellungen und sonstigen Verbindlichkeiten		513	757	573
Erhöhung/Minderung des passiven Rechnungsabgrenzungspostens		368	218	16
Auszahlungen im Zusammenhang mit dem TomorrowNow- und Versata-Rechtsstreit		0	0	−555
Gezahlte Zinsen		−190	−172	−130
Erhaltene Zinsen		79	82	59
Gezahlte Ertragsteuern, abzüglich zurückerstatteter Beträge		−1.477	−1.420	−1.356
Cashflows aus betrieblichen Tätigkeiten		**4.628**	3.638	3.499
Auszahlungen für Unternehmenszusammenschlüsse abzüglich übernommener Zahlungsmittel und Zahlungsmitteläquivalente		−106	−39	−6.360
Einzahlungen aus derivativen Finanzinstrumenten in Zusammenhang mit Unternehmenszusammenschlüssen		0	266	−111
Summe der Zahlungen für Unternehmenszusammenschlüsse abzüglich übernommener Zahlungsmittel und Zahlungsmitteläquivalente		−106	226	−6.472
Auszahlungen für den Erwerb von immateriellen Vermögenswerten oder Sachanlagen		−1.001	−636	−737
Einzahlungen aus der Veräußerung von immateriellen Vermögenswerten oder Sachanlagen		63	68	46
Auszahlungen für den Erwerb von Eigenkapital- oder Schuldinstrumenten anderer Unternehmen		−1.549	−1.871	−910
Einzahlungen aus der Veräußerung von Eigenkapital- oder Schuldinstrumenten anderer Unternehmen		793	1.880	833
Cashflows aus Investitionstätigkeiten		**−1.799**	−334	−7.240
Gezahlte Dividenden	(21)	−1.378	−1.316	−1.194
Einzahlungen aus der Ausgabe von eigenen Anteilen		27	64	51
Einzahlungen aus Fremdkapitalaufnahmen		400	1.748	7.503
Einzahlungen aus Swap-Geschäften		43	0	0
Summe der Einzahlungen aus Fremdkapitalaufnahmen		443	1.748	7.503
Rückzahlungen auf Fremdkapitalaufnahmen		−1.800	−3.852	−2.062
Transaktionen mit nicht beherrschenden Anteilen		3	0	0
Cashflows aus Finanzierungstätigkeiten		**−2.705**	−3.356	4.298
Auswirkung von Wechselkursänderungen auf Zahlungsmittel und Zahlungsmitteläquivalente		**167**	135	23
Nettoverringerung/-erhöhung der Zahlungsmittel und Zahlungsmitteläquivalente		**291**	83	580
Zahlungsmittel und Zahlungsmitteläquivalente zu Beginn der Periode	(21)	**3.411**	3.328	2.748
Zahlungsmittel und Zahlungsmitteläquivalente am Ende der Periode	(21)	**3.702**	3.411	3.328

Der nachfolgende Konzernanhang ist integraler Bestandteil des Konzernabschlusses.

Quelle: Wertsteigerung durch Innovation. SAP Integrierter Bericht 2016

Bildnachweise

Alle Mandalas und Grafiken: Idee Jan Neynaber/ grafische Umsetzung Katrin Lutz von just-graphics

Seite 16 Mit freundlicher Genehmigung der Stadt Frankurt/ Main

Seite 16 Mit freundlicher Genehmigung der Goethe Universität Frankfurt

Seite 16 Mit freundlicher Genehmigung des BBF/ Hausener Freibad

Seite 16 Mit freundlicher Genehmigung der Agentur für Arbeit FFM

Seite 17 Mit freundlicher Genehmigung durch das Bundesministerium der Finanzen

Seite 20 Tilltibet/ Dreamstime.com

Seite 20 Sebcz/ Dreamstime.com

Seite 21 Hubenov/ Dreamstime.com

Seite 21 Kikkytok/ Dreamstime.com

Seite 26 Mit freundlicher Genehmigung durch das Bundesministerium der Finanzen

Seite 26 Mit freundlicher Genehmigung der Ebay International AG

Seite 26 Mit freundlicher Genehmigung durch den Tourismusverband Fränkisches Seenland

Seite 26 Ironjohn/ Dreamstime.com

Seite 26 American Spirit/ Dreamstime.com

Seite 30 Mit freundlicher Genehmigung der Bank of England

Seite 30 Mit freundlicher Genehmigung der Hellenic Postbank

Seite 32 Tullik/ Dreamstime.com

Seite 36 Jorisov/ Dreamstime.com

Seite 47 Mit freundlicher Genehmigung der Degussa Bank

Seite 50 Mit freundlicher Genehmigung der Aareal Bank

Seite 53 Luminastock/ Dreamstime.com

Seite 56 Mit freundlicher Genehmigung der Bloomberg Finance L.P.

Seite 58 Mit freundlicher Genehmigung der Getränke Oase Dornbusch

Seite 58 Mit freundlicher Genehmigung der Microsoft Deutschland GmbH

Seite 58 Hubenov/ Dreamstime.com

Seite 58 Aiaikawa/ Dreamstime.com

Seite 62 Thomson Reuters Markets Deutschland GmbH

Seite 65 Mit freundlicher Genehmigung der SAP AG

Seite 68 Mit freundlicher Genehmigung der Bloomberg Finance L.P.

Seite 72   Mit freundlicher Genehmigung durch Deutsche Asset & Wealth GmbH, Allianz Global Investors GmbH, Bankhaus b. Metzler seel. Sohn & Co, Hauck & Aufhäuser Privatbank AG, Union Investment GmbH, Lupus Alpha Asset Management AG, Fidelity Deutschland GmbH, DJE Kapital AG, MPPM e.K., FPM AG, Loys AG, Acatis Investment GmbH, Deka Investment GmbH, Shareholder Value Management AG, Joh. Berenberg, Gossler & Co KG

Seite 77   Mit freundlicher Genehmigung der Bloomberg Finance L.P.

Seite 85   Mit freundlicher Genehmigung der www.sportbomb.com Inc.

Seite 89   Lland09/ Dreamstime.com

Seite 100   Mit freundlicher Genehmigung der Forschungsgruppe Wahlen e. V.

Seite 102   Mit freundlicher Genehmigung durch Axel Springer SE

Seite 105   Abdulla/ Dreamstime.com

Seite 106   Pukhov/ Dreamstime.com

Seite 116   Jorisov/ Dreamstime.com

Seite 117-119 Mit freundlicher Genehmigung der SAP AG

Jan Neynaber
Diplom Kaufmann
MagPol | CEFA | HPPsych.

1983 ging eine Frankfurter Bank fast pleite. Die Bank machte Gewinne in der Aktienberatung, aber Riesenverluste bei den Krediten. Bei den Verhandlungen zur Rettung dieser Bank war der Autor 14 Jahre alt und servierte den Verhandlern Essen und Getränke. Die Rettungsverhandlungen fanden in seinem Elternhaus statt. Damals sagte der Bundesbankchef zum 14-jährigen Autor: »Siehste Jan, Kredite nicht zurückzahlen kann jeder. Für Aktien musste aber schlau sein.«
Nach dem BWL Studium und einer Diplomarbeit zur Kooperationsökonomie begann er 1997 bei einer Bank. Nebenberuflich folgten Politikstudium und Heilpraktiker Psychotherapie.
Seit 2000 arbeitet er als Aktienberater. 2008 ging wieder eine Bank pleite und nahm vielen Kleinsparern Ihr Geld.
Der Jugendliche von 1983 war gefragt. Seine Aktienkunden hatte in der Finanzkrise kaum Geld verloren.
»Es muss einen kooperativen Weg zur Erklärung von Aktien geben. Ohne Taschenrechner, ohne Fachchinesisch.« Nach unzähligen Abendschichten und Wochenenden stand 2010 der erste Workshop für Grundschulkinder zur Erklärung von Bank und Börse.
2017 arbeitet er weiter täglich und erklärt seinen Kunden mit BWL, Soziologie und Psychologie, welche Aktien sie an- und verkaufen sollen.
Mit seiner Frau und den gemeinsamen 3 Kindern lebt und arbeitet der gebürtige Frankfurter in Frankfurt
Unter www.finanztherapie.de »Ich denke in Aktien« oder
Twitter @geldundwissen können Leser folgen.
Zusammengenommen ergeben die Copyrights einen kooperativen und patentierten Coachingleitfaden für Finanzfragen.

Meine persönlichen Erkenntnisse

Meine persönlichen Erkenntnisse

Meine persönlichen Erkenntnisse

Meine persönlichen Erkenntnisse

Meine persönlichen Erkenntnisse